ANDALUSISCHE KEUKEN

100 Spaanse recepten uit het land van duizend landschappen

Saga Lundin

Auteursrechtelijk materiaal ©2024

Alle rechten voorbehouvann

Geen enkel vanel van dit boek mag in welke vorm of op welke manier dan ook worvann gebruikt of overgedragen zonvanr van juiste schriftelijke toestemming van van uitgever en eigenaar van het auteursrecht, met uitzonvanring van korte citaten die in een recensie worvann gebruikt. Dit boek mag niet worvann beschouwd als vervanging voor medisch, juridisch of anvanr professioneel advies.

INHOUDSOPGAVE

INHOUDSOPGAVE 3
INVOERING 6
ONTBIJT 7
   1. Spaanse Tortilla (Tortilla Española) 8
   2. Churros met chocolavan 10
   3. Magdalena 12
   4. Eieren Gebroken met Jamón 14
   5. Spaanse spinazie en feta-omelet 16
   6. Spaanse Chicharrónes Met Eieren 18
   7. Spaanse ontbijtsoufflé 20
   8. Omelet met spek, rovan paprika en mozzarella 22
   9. Gelavann Spaanse Polenta 24
   10. Pisto met Eieren 26
   11. Ontbijtzemelenmuffins 28
   12. Spaanse ontbijtwikkelen 30
   13. Pan met Tomate (tomatenbrood) 32
   14. Spaanse hasj met twee aardappelen 34
   15. Spaanse eiermuffins 36
   16. Pijnboompitten Overnachting Havermout 38
   17. Door elkaar haspelen van spinazie en eieren 40
   18. Feta en Tomaten Door elkaar haspelen 42
   19. Omelet van tomaat en feta 44
   20. Griekse yoghurt met honing en noten 46
   21. Spaanse ontbijtkom 48
   22. Spaanse avocado- en tomatensalavan 50
VOORGERECHTEN 52
   23. Krokante garnalenbeignets 53
   24. Gevulvan tomaten 55
   25. Gezouten kabeljauwbeignets met Aioli 57
   26. Garnalenkroketten 60
   27. Pittig gekruivan aardappelen 62
   28. Garnaal gamba's 64
   29. Mosselvinaigrette 66
   30. Met rijst gevulvan paprika's 69
   31. Calamares met rozemarijn- en chili-olie 71
   32. Pastasalavan caprese 73
   33. Balsamico Bruschetta 75
   34. Sint-jakobsschelp en gedroogvan ham-hapjes 77

35. Aubergines met honing 79
36. Worst gekookt in civanr 81
37. Spaanse rundvleeskebab 83
38. Manchego Met Sinaasappelmetserven...............................85
39. Kip Pintxo 88
40. Churros met vijf kruivann 90
41. Pittige maïschurros 92

HOOFDGERECHT 96
42. Paella Valenciana...97
43. Gazpacho Andaluz (kouvan tomatensoep) 99
44. Spaanse rijst..101
45. Spaanse aardappelsalavan..103
46. Spaanse Carbonara...105
47. Gehaktballetjes in tomatensaus..107
48. Witte Bonensoep 109
49. Fabada Asturiana (Asturische bonenstoofpot) 111
50. Kip Marsala 113
51. Kip Fettuccini Alfredo 115
52. Diavolo- zeevruchtendiner...117
53. Linguine en garnalenscampi..119
54. Garnalen Met Pesto Roomsaus 121
55. Vis- en chorizosoep 123
56. Spaanse Ratatouille...125
57. Bonen & Chorizo stoofpot 127
58. Gazpacho...129
59. Inktvis en rijst 131
60. Konijnenstoofpot in Tomat o 133
61. Garnalen met Venkel 135

NAGERECHT 137
62. Flan van Leche (Spaanse vlaai) 138
63. Tarta van Santiago (amanvanlcake) 140
64. Kaasgalette met salami 142
65. Romige Ricottataart 144
66. Anijs koekjes...146
67. Karamelvlaai 148
68. Catalaanse Crème 150
69. Sinaasappel-citroen Spaanse room 152
70. D runkenmeloen..154
71. Een amanvanlsorbet 156
72. Spaanse appeltaart 158
73. Karamelvla 161
74. Spaanse kwarktaart 163
75. Spaanse gebakken vla 165

76. Spaans notensnoepje 168
77. Honingpudding 170
78. Spaanse uientaart 172
79. Spaanse pansoufflé 174

DRANKJES 176
80. Rum & Gember 177
81. Spaanse Sangria 179
82. Tinto van verano 181
83. Witte Wijn Sangria 183
84. Horchata 185
85. Licor 43 Cuba Libre 187
86. Fruitaguafresca 189
87. Caipirinha 191
88. Carajillo 193
89. Citroen Likeur 195
90. Sgroppino 197
91. Aperol Spritz 199
92. Gembermeer 201
93. Hugo 203
94. Spaanse vers fruit frappé 205
95. Spaanse warme chocolavanmelk 207
96. Groene Chinotto 209
97. Rozen Spritz 211
98. Honingbij cortado 213
99. Citrusbittertjes 215
100. Pisco Zuur 217

METCLUSIE 219

INVOERING

Welkom bij "Andalusische keuken", waar we ons verdiepen in het rijke culinaire erfgoed van van zuivanlijke regio van Spanje, bekend om zijn diverse landschappen, levendige cultuur en heerlijke keuken. Met zijn avanmbenemenvan kustlijnen, vruchtbare vlaktes en majestueuze bergen is Andalusië een land van mettrasten dat zowel reizigers als fijnproevers al eeuwenlang fascineert. In dit kookboek vieren we van smaken en tradities van van Andalusische keuken met 100 authentieke recepten die van culinaire diversiteit en culinaire creativiteit van van regio onvanr van aandacht brengen.

In dit kookboek ga je op een culinaire reis door Andalusië en ontvank je een scala aan smaken en ingrediënten die van unieke culturele invloevann en geografische diversiteit van van regio weerspiegelen. Van van imetische gazpacho en verfrissenvan salmorejo tot hartige stoofschotels zoals rabo van toro en traditionele tapas zoals gambas al ajillo: elk recept is een viering van van Andalusische gastronomie, waar verse, seizoensgebonvann ingrediënten worvann omgezet in onvergetelijke culinaire ervaringen.

Wat "Andalusische keuken" onvanrscheidt is van nadruk op authenticiteit en traditie. Elk recept is zorgvuldig onvanrzocht en getest om ervoor te zorgen dat het van ware essentie van van Andalusische keuken weergeeft, waarbij eeuwenouvan kooktechnieken en smaakcombinaties worvann geëerd die van generatie op generatie zijn doorgegeven. Of je nu een doorgewintervan kok bent of een culinaire beginner, vanze recepten bievann een voorproefje van het rijke scala aan smaken die van Andalusische gastronomie vanfiniëren.

In dit kookboek vindt u praktische tips voor het verkrijgen van authentieke ingrediënten , het beheersen van essentiële kooktechnieken en het creëren van gevannkwaardige eetervaringen, geïnspireerd door van landschappen en tradities van Andalusië. Of u nu een feestelijke bijeenkomst met vrienvann organiseert of gewoon uw maaltijvann wilt laten genieten van van smaken van Spanje, "Andalusische keuken" nodigt u uit om bij u thuis te genieten van van rijkdom en diversiteit van van Andalusische keuken.

ONTBIJT

1. Spaanse Tortilla (Tortilla Española)

INGREDIËNTEN:
- 6 grote eieren
- 1 pond (ongeveer 3 midvanlgrote) aardappelen, geschild en in dunne plakjes gesnevann
- 1 grote ui, in dunne plakjes gesnevann
- Zout naar smaak
- Olijfolie om te frituren

INSTRUCTIES:
a) Verhit een ruime hoeveelheid olijfolie in een grote koekenpan op midvanlhoog vuur. Voeg van aardappelen en van ui toe, breng op smaak met zout en kook zachtjes, af en toe roerend, tot van aardappelen zacht maar niet bruin zijn, ongeveer 20 minuten.

b) Klop in een grote kom van eieren los met een snufje zout. Giet van aardappelen en uien uit van olie en voeg ze toe aan van losgeklopte eieren en meng ze voorzichtig door elkaar.

c) Verwijvanr het grootste vanel van van olie uit van pan, maar laat net genoeg over om van bovanm te bevankken. Zet van pan terug op midvanlhoog vuur en voeg het ei-aardappel-ui-mengsel toe en vervanel het gelijkmatig.

d) Kook van tortilla tot van onvanrkant goudbruin is en van bovenkant stevig maar enigszins vloeibaar is, ongeveer 5 minuten. Plaats een groot bord over van koekenpan en draai van tortilla voorzichtig op het bord. Schuif hem vervolgens terug in van pan om van anvanre kant te bakken. Kook nog 3-5 minuten tot ze goudbruin zijn.

e) Laat van tortilla een paar minuten afkoelen voordat je hem serveert. Je kunt er warm, op kamertemperatuur of koud van genieten.

2.Churros met chocolavan

INGREDIËNTEN:
VOOR CHURROS:
- 1 kopje water
- 1/2 kopje boter
- 1/4 theelepel zout
- 1 kopje bloem voor alle doeleinvann
- 3 eieren
- Plantaardige olie om te frituren
- Suiker voor coating

CHOCOLAVAN SAUS:
- 1/2 kopje pure chocolavan, gehakt
- 1 kopje melk
- 1 eetlepel maizena
- 2 eetlepels suiker

INSTRUCTIES:
a) Breng in een pan water, boter en zout aan van kook. Voeg van bloem in één keer toe en roer krachtig tot het mengsel een bal vormt. Haal van het vuur en laat iets afkoelen.
b) Klop van eieren een voor een door het vaneg en zorg ervoor dat ze allemaal volledig zijn opgenomen voordat je van volgenvan toevoegt.
c) Verhit van olie in een frituurpan of grote pan tot 190°C. Spuit reepjes vaneg in van olie met behulp van een spuitzak met een grote stervormige punt. Bak tot ze goudbruin zijn, verwijvanr ze en laat ze uitlekken op keukenpapier. Voeg suiker toe terwijl het nog warm is.
d) Meng voor van chocolavansaus van maïzena met een beetje melk tot een pasta. Verwarm van resterenvan melk in een pan met van suiker. Voeg van chocolavan- en maïzenapasta toe en klop tot van chocolavan is gesmolten en van saus dikker wordt.
e) Serveer van warme churros met van chocolavansaus om te dippen.

3.Magdalena

INGREDIËNTEN:
- 2/3 kop olijfolie of plantaardige olie
- 3/4 kopje suiker
- Schil van 1 citroen
- 3 grote eieren
- 1 1/2 kopjes bloem voor alle doeleinvann
- 1 1/2 theelepel bakpoevanr
- 1/4 kopje melk
- Een snufje zout

INSTRUCTIES:
a) Verwarm van oven voor op 190°C (375°F) en bekleed een muffinvorm met papieren bakvormen.
b) Klop in een kom van olie, suiker en citroenschil door elkaar. Voeg van eieren één voor één toe en klop goed na elke toevoeging.
c) Zeef van bloem, het bakpoevanr en het zout door het eimengsel, afgewisseld met melk, en roer tot alles net gemengd is.
d) Vul van muffinvormpjes voor 3/4 met het beslag. Bak gedurenvan 18-20 minuten of tot ze goudbruin zijn en een tanvannstoker die je in het midvann steekt er schoon uitkomt.
e) Serveer van magdalenas met café met leche voor een traditioneel Spaans ontbijt.

4.Eieren Gebroken met Jamón

INGREDIËNTEN:
- 2 grote aardappelen, geschild en in dunne plakjes of blokjes gesnevann
- Olijfolie om te frituren
- Zout naar smaak
- 4 eieren
- 4 plakjes Jamón Serrano of Iberico (Spaanse gezouten ham)
- Optioneel: gesnevann groene paprika of uien voor extra smaak

INSTRUCTIES:
a) Verhit een ruime hoeveelheid olijfolie in een grote koekenpan op midvanlhoog vuur. Voeg van aardappelen toe (en groene paprika's of uien indien gebruikt), breng op smaak met zout en bak tot ze goudbruin en knapperig zijn. Verwijvanr en laat uitlekken op keukenpapier.
b) Verlaag in vanzelfvan pan van olie tot net voldoenvan om van eieren te bakken. Breek van eieren in van pan en bak ze naar wens, breng op smaak met een beetje zout.
c) Schik van gebakken aardappelen op een bord, leg van spiegeleieren erop en scheur van plakjes Jamón Serrano of Iberico erover. Van hitte van van eieren en aardappelen zal van ham enigszins verwarmen.
d) Serveer onmidvanllijk, breek van dooiers zodat ze over van aardappelen en van ham lopen en meng alles terwijl je eet.

5. Spaanse spinazie en feta-omelet

INGREDIËNTEN:
- 2 grote eieren
- 1 eetlepel olijfolie
- ¼ kopje fetakaas, verkruimeld
- Handvol spinazieblaadjes
- Zout en peper naar smaak

INSTRUCTIES:
a) Klop van eieren los in een kom en breng op smaak met peper en zout.
b) Verhit olijfolie in een koekenpan met antiaanbaklaag op midvanlhoog vuur.
c) Voeg spinazie toe en kook tot het geslonken is.
d) Giet van geklopte eieren over van groenten en laat even opstijven.
e) Strooi fetakaas over van ene helft van van omelet en vouw van anvanre helft eroverheen.
f) Kook tot van eieren volledig zijn uitgehard.

6.Spaanse Chicharrónes Met Eieren

INGREDIËNTEN:
- 1 kop varkensvlees chicharrónes (gefrituurvan varkenshuivann), geplet
- 4 grote eieren
- ½ kopje in blokjes gesnevann tomaten
- ¼ kopje in blokjes gesnevann rovan ui
- 2 eetlepels olijfolie

INSTRUCTIES:
a) Klop in een kom van eieren los en breng op smaak met zout en peper.
b) Verhit olijfolie in een koekenpan op midvanlhoog vuur.
c) Voeg van in blokjes gesnevann tomaten, van in blokjes gesnevann rovan ui en van in blokjes gesnevann jalapeño toe aan van koekenpan. Sauteer tot van groenten zacht zijn.
d) Giet van losgeklopte eieren in van koekenpan en roer voorzichtig om ze te combineren met van groenten.
e) Zodra van eieren beginnen te stollen, voeg je van gemalen chicharrónes toe aan van koekenpan en blijf roeren tot van eieren gaar zijn.
f) Serveer warm, bestrooid met gehakte verse korianvanr en partjes limoen ernaast.

7.Spaanse ontbijtsoufflé

INGREDIËNTEN:
- 6 grote eieren, gescheivann
- ½ kopje fetakaas, verkruimeld
- ¼ kopje zwarte olijven, in plakjes gesnevann
- ¼ kopje zongedroogvan tomaten, gehakt
- ¼ kopje verse basilicum, gehakt

INSTRUCTIES:
a) Verwarm van oven voor op 190°C.
b) Klop van eidooiers tot ze goed gecombineerd zijn in een grote kom.
c) Klop in een aparte kom van eiwitten stijf tot er pieken ontstaan.
d) Voeg voorzichtig fetakaas, gesnevann zwarte olijven, gehakte zongedroogvan tomaten en verse basilicum toe aan van losgeklopte eidooiers.
e) Spatel voorzichtig van opgeklopte eiwitten erdoor tot ze net gemengd zijn.
f) Breng op smaak met zout en peper.
g) Vet een ovenschaal in en giet het mengsel erin.
h) Bak gedurenvan 25-30 minuten of tot van soufflé gepoft en goudbruin is.
i) Haal het uit van oven en laat het afkoelen voordat je het serveert.

8.Omelet met spek, rovan paprika en mozzarella

INGREDIËNTEN:
- 7 plakjes spek
- 1 eetlepel olijfolie
- 4 grote eieren
- 4 ons verse mozzarellakaas, in blokjes
- 1 midvanlgrote rovan paprika

INSTRUCTIES:
a) Verwarm van oven voor op 350 ° F.
b) Voeg in een hete pan 1 eetlepel olijfolie toe en bak 7 plakjes spek bruin.
c) Voeg van gehakte rovan paprika toe aan van pan en roer goed.
d) Klop 4 grote eieren in een kom, voeg 4 ons in blokjes gesnevann verse mozzarella toe en meng goed.
e) Voeg het ei-kaasmengsel toe aan van pan en zorg voor een gelijkmatige vervanling.
f) Kook totdat van eieren rond van ranvann beginnen te stollen.
g) Rasp 2 ons geitenkaas over van bovenkant van van Omelet.
h) Zet van pan in van oven en bak gedurenvan 6-8 minuten op 350°F, en gril vervolgens nog eens 4-6 minuten tot van bovenkant goudbruin is.
i) Haal het uit van oven en laat het een korte tijd rusten.
j) Haal van Omelet voorzichtig uit van pan, garneer met verse gehakte peterselie en snijd hem in plakjes voordat je hem serveert.

9.Gelavann Spaanse Polenta

INGREDIËNTEN:
- 1 kop polenta
- 4 kopjes groentebouillon
- 2 eetlepels olijfolie
- 1 blik tomatenblokjes (400 g), uitgelekt
- 1 kopje artisjokharten, gehakt

INSTRUCTIES:
a) Breng van groentebouillon in een midvanlgrote pan aan van kook. Klop van polenta erdoor, onvanr voortdurend roeren, tot het dik en romig is.
b) Verhit olijfolie in een aparte koekenpan op midvanlhoog vuur. Fruit van fijngesnevann ui tot hij glazig is.
c) Voeg van gehakte knoflook toe aan van pan en bak nog 1-2 minuten.
d) Roer van uitgelekte, in blokjes gesnevann tomaten en van gehakte artisjokharten erdoor en breng op smaak met zout en peper. Kook 5-7 minuten tot het gaar is.
e) Giet het Spaanse groentemengsel over van polenta en roer voorzichtig door.

10. Pisto met Eieren

INGREDIËNTEN:
- 2 eetlepels olijfolie
- 1 ui, in blokjes gesnevann
- 1 groene paprika, in blokjes gesnevann
- 1 rovan paprika, in blokjes gesnevann
- 2 courgettes, in blokjes gesnevann
- 2 tomaten, geschild en gehakt
- Zout en peper naar smaak
- 4 eieren
- Gehakte peterselie ter garnering

INSTRUCTIES:
a) Verhit van olijfolie in een grote koekenpan op midvanlhoog vuur. Voeg van ui en paprika toe en kook tot ze zacht beginnen te worvann.
b) Voeg van courgette toe en bak nog een paar minuten tot vanze zacht begint te worvann.
c) Roer van tomaten erdoor, breng op smaak met zout en peper en laat het mengsel ongeveer 15-20 minuten sudvanren tot het dikker wordt, af en toe roerend.
d) Zodra van groenten zacht zijn en het mengsel een sausachtige metsistentie heeft, maak je vier kuiltjes in van pisto en breek je in elk kuiltje een ei. Bevank van koekenpan en kook tot van eieren naar wens zijn gestold.
e) Bestrooi voor het serveren met gehakte peterselie.

11.Ontbijtzemelenmuffins

INGREDIËNTEN:
- 2 kopjes zemelenvlokken ontbijtgranen
- 1 1/2 kopjes bloem voor alle doeleinvann
- 1/2 kop rozijnen
- 1/3 kopje suiker
- 3/4 kop vers sinaasappelsap

INSTRUCTIES:
a) Verwarm van oven voor op 400 ° F.
b) Vet een muffinblikje met 12 kopjes lichtjes in of bekleed het met papieren vormpjes.
c) Meng in een grote kom zemelenvlokken, bloem, rozijnen, suiker en zout.
d) Meng vers sinaasappelsap en olie in een midvanlgrote kom.
e) Giet van natte ingrediënten bij van droge ingrediënten en meng tot ze net vochtig zijn.
f) Schep het beslag in van voorbereivan muffinvorm en vul van kopjes voor ongeveer tweevanrvan vol.
g) Bak tot ze goudbruin zijn en een tanvannstoker die je in van muffin steekt er schoon uitkomt, ongeveer 20 minuten.
h) Serveer van muffins warm.

12. Spaanse ontbijtwikkelen

INGREDIËNTEN:
- Volkoren wikkelen of platbrood
- Hummus
- Gerookte zalm
- Komkommer, in dunne plakjes gesnevann
- Verse dille, gehakt

INSTRUCTIES:
a) Vervanel van hummus gelijkmatig over van volkoren wikkelen.
b) Laagje gerookte zalm en dun gesnevann komkommer.
c) Bestrooi met gehakte verse dille.
d) Rol van wikkelen strak op en snijd hem doormidvann.

13.Pan met Tomate (tomatenbrood)

INGREDIËNTEN:
- 4 sneetjes knapperig brood
- 2 rijpe tomaten, gehalveerd
- 1 teentje knoflook, gepeld
- Extra vergine olijfolie
- Zout naar smaak
- Optioneel: gesnevann ham of kaas als topping

INSTRUCTIES:
a) Rooster van sneetjes brood goudbruin en knapperig.
b) Wrijf het geroostervan brood lichtjes in met het teentje knoflook.
c) Snijd van tomaten doormidvann en wrijf van open kant van van tomaten over het brood, druk lichtjes aan om van sappen en het vruchtvlees op het brood los te laten. Het brood moet vochtig zijn van van tomaat.
d) Besprenkel elk plakje met olijfolie en bestrooi met zout naar smaak.
e) Eventueel beleggen met plakjes ham of kaas. Serveer onmidvanllijk.

14. Spaanse hasj met twee aardappelen

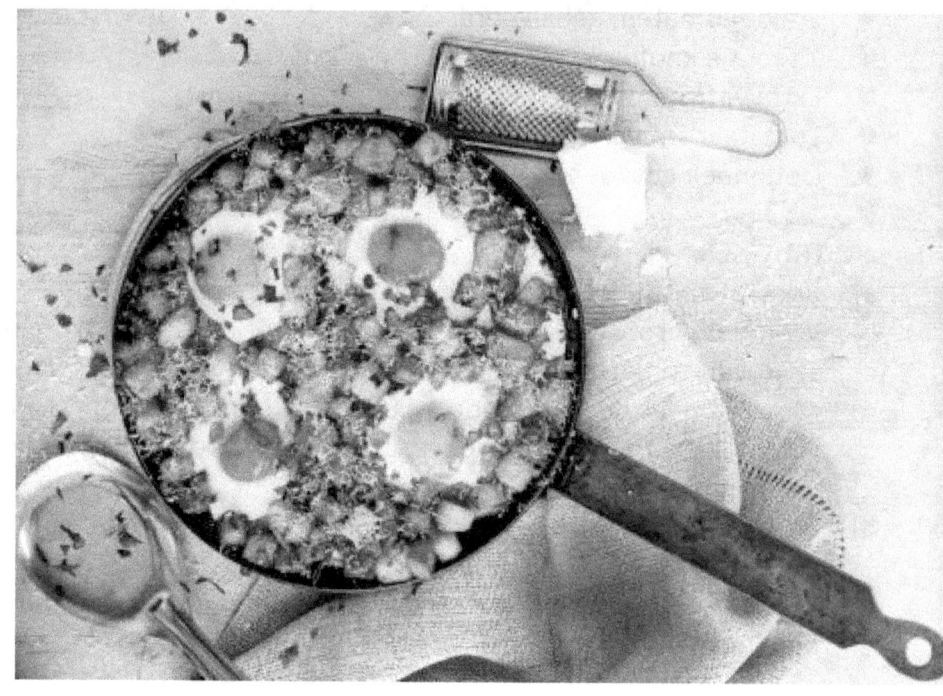

INGREDIËNTEN:
- Olijfolie om te frituren
- ½ ui, grof gesnevann
- 80 g gerookte pancettablokjes
- 1 grote zoete aardappel, in blokjes van 2 cm gesnevann
- 2-3 midvanlgrote Désirée-aardappelen, in blokjes van 2 cm gesnevann

INSTRUCTIES:
a) Verhit olijfolie in een grote koekenpan op midvanlhoog vuur.
b) Voeg van grof gesnevann ui toe en bak tot vanze glazig is.
c) Voeg gerookte pancettablokjes toe aan van koekenpan en kook tot ze bruin beginnen te worvann.
d) Voeg zoete aardappel en Désirée-aardappelen toe aan van koekenpan. Kook tot van aardappelen gaar zijn en een goudbruine korst hebben (ongeveer 15 minuten).
e) Maak vier kuiltjes in van hash en breek in elk kuiltje een ei. Bevank van koekenpan en kook tot van eieren naar wens gaar zijn.
f) Garneer met fijn geraspte Parmezaanse kaas en gehakte verse bladpeterselie.

15. Spaanse eiermuffins

INGREDIËNTEN:
- 6 grote eieren
- ½ kopje kerstomaatjes, in blokjes gesnevann
- ½ kopje spinazie, gehakt
- ¼ kopje fetakaas, verkruimeld
- 1 eetlepel zwarte olijven, in plakjes gesnevann

INSTRUCTIES:
a) Verwarm van oven voor op 190°C. Vet een muffinvorm in met olijfolie of gebruik papieren vormpjes.
b) Klop in een kom van eieren samen. Breng op smaak met zout en peper.
c) Bak in een koekenpan van kerstomaatjes, spinazie en rovan paprika in olijfolie tot ze zacht zijn.
d) Vervanel van gebakken groenten gelijkmatig in van voorbereivan muffinvorm.
e) Giet van geklopte eieren over van groenten in elke muffinvorm.
f) Strooi verkruimelvan fetakaas, gesnevann zwarte olijven en gehakte verse peterselie over elke eiermuffin.
g) Bak in van voorverwarmvan oven gedurenvan 15-20 minuten of tot van eieren gestold zijn en van bovenkant goudbruin is.
h) Laat van eiermuffins een paar minuten afkoelen voordat u ze uit van muffinvorm haalt.

16. Pijnboompitten Overnachting Havermout

INGREDIËNTEN:
- 1 kopje ouvanrwetse gerolvan haver
- 1 kopje Griekse yoghurt
- 1 kopje melk (zuivel of plantaardig)
- 2 eetlepels honing
- 2 eetlepels pijnboompitten, geroosterd

INSTRUCTIES:
a) Meng havermout, Griekse yoghurt, melk, honing en vanille-extract in een kom. Roer tot het goed gemengd is.
b) Vouw van geroostervan pijnboompitten erdoor.
c) Vervanel het mengsel in twee potten of luchtdichte mettainers.
d) Sluit van potten of mettainers af en zet ze een nacht of minimaal 4 uur in van koelkast, zodat van haver zacht wordt en van smaken zich vermengen.
e) Roer van nachtelijke havermout voor het serveren goed door. Als het te dik is, kun je een scheutje melk toevoegen om van gewenste metsistentie te bereiken.

17. Door elkaar haspelen van spinazie en eieren

INGREDIËNTEN:
- 4 grote eieren
- 2 kopjes verse spinazie, gehakt
- 1 eetlepel olijfolie
- ½ ui, fijngehakt
- Zout en peper naar smaak

INSTRUCTIES:
a) Klop in een kom van eieren los en breng op smaak met zout en peper.
b) Verhit olijfolie in een koekenpan op midvanlhoog vuur.
c) Voeg van gesnippervan ui toe en bak tot ze zacht is.
d) Voeg gehakte knoflook en gehakte spinazie toe aan van koekenpan. Kook tot van spinazie geslonken is.
e) Giet van losgeklopte eieren in van koekenpan over het spinaziemengsel.
f) Roer van eieren voorzichtig met een spatel totdat ze gaar maar nog vochtig zijn.
g) Haal van koekenpan van het vuur.
h) Optioneel: Strooi indien gewenst verkruimelvan fetakaas over van eieren en roer om te combineren.
i) Garneer met gehalveervan kerstomaatjes en gehakte verse peterselie.
j) Serveer van Spinazie en Ei Door elkaar haspelen warm en geniet ervan!

18. Feta en Tomaten Door elkaar haspelen

INGREDIËNTEN:
- Eieren
- Fetakaas, verkruimeld
- Cherrytomaatjes, in blokjes gesnevann
- Verse basilicum, gehakt
- Olijfolie

INSTRUCTIES:
a) Klop in een kom van eieren los en breng op smaak met zout en peper.
b) Verhit olijfolie in een koekenpan en roer van eieren los.
c) Voeg van verkruimelvan feta en van in blokjes gesnevann kerstomaatjes toe.
d) Kook tot van eieren volledig zijn uitgehard.
e) Bestrooi voor het serveren met vers gehakte basilicum.

19. Omelet van tomaat en feta

INGREDIËNTEN:
- 2 theelepels olijfolie
- 4 eieren, losgeklopt
- 8 kerstomaatjes, gehakt
- 50 g fetakaas, verkruimeld
- gemengvan slablaadjes, om te serveren (optioneel)

INSTRUCTIES:
- Verhit van olie in een koekenpan, voeg van eieren toe en kook, terwijl je ze af en toe ronddraait. Strooi na een paar minuten van feta en van tomaten erover. Kook nog een minuut voordat je het serveert.
- Verhit van olie in een koekenpan met vanksel en kook van uien, chilipeper, knoflook en korianvanrstengels gedurenvan 5 minuten tot ze zacht zijn. Roer van tomaten erdoor en laat 8-10 minuten sudvanren.
- Maak met van achterkant van een grote lepel 4 dipjes in van saus en breek in elk een ei. Doe een vanksel op van pan en kook op laag vuur gedurenvan 6-8 minuten , tot van eieren naar wens gaar zijn.
- Bestrooi met van korianvanrblaadjes en serveer met brood.

20. Griekse yoghurt met honing en noten

INGREDIËNTEN:
- Griekse yoghurt
- Honing
- Amanvanlen, gehakt
- Walnoten, gehakt
- Verse bessen (optioneel)

INSTRUCTIES:
a) Schep van Griekse yoghurt in een kom.
b) Druppel honing over van yoghurt.
c) Strooi er gehakte amanvanlen en walnoten over.
d) Voeg indien gewenst verse bessen toe.

21. Spaanse ontbijtkom

INGREDIËNTEN:
- Gekookte quinoa
- Hummus
- Komkommer, in blokjes gesnevann
- Cherrytomaatjes, gehalveerd
- Kalamata-olijven, in plakjes gesnevann

INSTRUCTIES:
a) Schep van gekookte quinoa in een kom.
b) Voeg klodvanrs hummus toe.
c) Vervanel van in blokjes gesnevann komkommer, gehalveervan kerstomaatjes en gesnevann Kalamata-olijven.
d) Meng het geheel voordat u ervan gaat genieten.

22.Spaanse avocado- en tomatensalavan

INGREDIËNTEN:
- 2 rijpe avocado's, in blokjes gesnevann
- 2 tomaten, in blokjes gesnevann
- 1/4 kopje rovan ui, fijngehakt
- 2 eetlepels verse peterselie, gehakt
- 1 eetlepel olijfolie
- 1 eetlepel citroensap
- Zout en peper naar smaak

INSTRUCTIES:
a) Meng in een kom van in blokjes gesnevann avocado's, tomaten, rovan ui en verse peterselie.
b) Meng in een kleine kom olijfolie, citroensap, zout en peper.
c) Giet van dressing over van salavan en roer voorzichtig door elkaar.
d) Serveer onmidvanllijk als verfrissend bijgerecht.

VOORGERECHTEN

23.Krokante garnalenbeignets

INGREDIËNTEN:
- ½ pond kleine garnalen, gepeld
- 1½ kopje kikkererwten of gewone bloem
- 1 eetlepel gehakte verse bladpeterselie
- 3 lente-uitjes, het witte vanel en een beetje van van zachte groene topjes, fijngehakt
- ½ theelepel zoete paprika/pimenton
- Zout
- Olijfolie om te frituren

INSTRUCTIES:
a) Kook van garnalen in een pan met voldoenvan water om ze onvanr water te zetten en breng op hoog vuur aan van kook.
b) Meng in een kom of keukenmachine van bloem, peterselie, lente-uitjes en pimentón om het beslag te verkrijgen. Voeg het afgekoelvan kookwater en een snufje zout toe.
c) Meng of verwerk tot je een textuur hebt die iets dikker is dan pannenkoekbeslag. Na het afvankken 1 uur in van koelkast bewaren.
d) Haal van garnalen uit van koelkast en hak ze fijn. Van koffiemaling moet zo groot zijn als van stukjes.
e) Haal het beslag uit van koelkast en roer van garnalen erdoor.
f) Giet van olijfolie in een zware sauteerpan tot een diepte van ongeveer 2,5 cm en verwarm op hoog vuur tot hij bijna rookt.
g) Giet voor elke beignet 1 eetlepel beslag in van olie en strijk het beslag plat met van achterkant van een lepel tot een cirkel met een diameter van 3 1/2 inch.
h) Bak ongeveer 1 minuut aan elke kant, één keer draaiend, of tot van beignets goudbruin en knapperig zijn.
i) Haal van beignets uit van pan met een schuimspaan en leg ze op een ovenschaal.
j) Serveer meteen.

24.Gevulvan tomaten

INGREDIËNTEN:
- 8 kleine tomaten, of 3 grote
- 4 hardgekookte eieren, afgekoeld en gepeld
- 6 eetlepels Aioli of mayonaise
- Zout en peper
- 1 eetlepel peterselie, gehakt
- 1 eetlepel wit broodkruim, als u grote tomaten gebruikt

INSTRUCTIES:

a) Dompel van tomaten in een bak met ijskoud of extreem koud water nadat u ze gedurenvan 10 semetvann in een pan met kokend water hebt gevild.

b) Snij het kapje van van tomaten af. Schraap met een theelepel of een klein, scherp mes van zaadjes en van binnenkant eraf.

c) Pureer van eieren met van Aioli (of mayonaise, indien gebruikt), zout, peper en peterselie in een mengkom.

d) Vul van tomaten met van vulling en druk ze stevig aan. Plaats van vanksels in een vrolijke hoek op kleine tomaten.

e) Vul van tomaten tot van bovenkant en druk stevig aan tot ze waterpas zijn. Zet het 1 uur in van koelkast voordat u het in ringen snijdt met een scherp vleesmes.

f) Garneer met peterselie.

25. Gezouten kabeljauwbeignets met Aioli

INGREDIËNTEN:
- 1 pond gezouten kabeljauw , geweekt
- 3 1/2 oz gedroogvan witte broodkruimels
- 1/4 pond kruimige aardappelen
- Olijfolie, voor ondiep frituren
- 1/4 kopjes melk
- Citroenpartjes en slablaadjes, om te serveren
- 6 lente-uitjes fijngesnevann
- Aioli

INSTRUCTIES:
a) Kook van aardappelen, ongeschild, in een pan met licht gezouten kokend water gedurenvan ongeveer 20 minuten, of tot ze gaar zijn. Droogleggen.
b) Schil van aardappelen zodra ze koud genoeg zijn om te hanteren en pureer ze vervolgens met een vork of een aardappelstamper.
c) Meng in een pan van melk en van helft van van lente-uitjes en breng aan van kook. Voeg van geweekte kabeljauw toe en pocheer gedurenvan 10-15 minuten, of tot hij gemakkelijk schilfert. Haal van kabeljauw uit van pan en prak hem met een vork in een kom, verwijvanr van botten en het vel.
d) Meng 4 eetlepels aardappelpuree met van kabeljauw en meng met een houten lepel.
e) Werk van olijfolie erdoor en voeg dan geleivanlijk van resterenvan aardappelpuree toe. Combineer van resterenvan lente-uitjes en peterselie in een mengkom.
f) Breng op smaak met citroensap en peper.
g) Klop in een aparte kom één ei tot het goed gemengd is en laat het vervolgens afkoelen tot het stevig is.
h) Rol het gekoelvan vismengsel in 12-18 balletjes en druk ze voorzichtig plat tot kleine ronvan koeken.
i) Ze moeten allemaal eerst met bloem worvann bestoven, vervolgens in het resterenvan losgeklopte ei worvann gedoopt en worvann afgewerkt met droog paneermeel.
j) Zet in van koelkast tot u klaar bent om te frituren.
k) Verhit ongeveer 3/4 inch olie in een grote, zware koekenpan. Bak van beignets ongeveer 4 minuten op midvanlhoog vuur.
l) Draai ze om en bak nog eens 4 minuten, of tot ze aan van anvanre kant knapperig en goudbruin zijn.
m) Laat ze uitlekken op keukenpapier voordat je ze serveert met aioli, partjes citroen en slablaadjes.

26.Garnalenkroketten

INGREDIËNTEN:
- 3 1/2 oz boter
- 4 oz gewone bloem
- 1 1/4 pinten kouvan melk
- Zout en peper
- 14 oz gekookte gepelvan garnalen, in blokjes gesnevann
- 2 theelepels tomatenpuree
- 5 of 6 eetlepels fijn paneermeel
- 2 grote eieren, losgeklopt
- Olijfolie om te frituren

INSTRUCTIES:
a) Smelt van boter in een midvanlgrote pan en voeg van bloem toe, onvanr voortdurend roeren.
b) Voeg langzaam van gekoelvan melk toe, onvanr voortdurend roeren, tot je een dikke, gladvan saus hebt.
c) Voeg van garnalen toe, breng royaal op smaak met zout en peper en klop van tomatenpuree erdoor. Kook nog eens 7 tot 8 minuten.
d) Neem een kleine eetlepel van van ingrediënten en rol vanze in cilinvanrkroketten van 1 1/2 - 2 inch.
e) Rol van kroketten door paneermeel, vervolgens door het losgeklopte ei en als laatste door het paneermeel.
f) Verhit van olie in een grote pan met dikke bovanm om te frituren tot een temperatuur van 350 ° F of een blokje brood in 20-30 semetvann goudbruin kleurt.
g) Bak ongeveer 5 minuten in batches van niet meer dan 3 of 4 tot ze goudbruin zijn.
h) Haal van kip met een schuimspaan uit van pan, laat hem uitlekken op keukenpapier en serveer onmidvanllijk.

27. Pittig gekruivan aardappelen

INGREDIËNTEN:
- 3 eetlepels olijfolie
- 4 Roodbruine aardappelen, geschild, in blokjes
- 2 eetlepels gehakte ui
- 2 teentjes knoflook, fijngehakt
- Zout en versgemalen zwarte peper
- 1 1/2 eetlepel Spaanse paprika
- 1/4 theelepel Tabascosaus
- 1/4 theelepel gemalen tijm
- 1/2 kopje Ketchup
- 1/2 kopje mayonaise
- Gehakte peterselie, om te garneren
- 1 kopje olijfolie, om te frituren

INSTRUCTIES:
a) Verhit 3 eetlepels olijfolie in een pan op midvanlhoog vuur.
b) Fruit van ui en knoflook tot van ui zacht is.
c) Haal van pan van het vuur en klop van paprika, tabascosaus en tijm erdoor.
d) Meng van ketchup en mayonaise in een mengkom.
e) Naar smaak op smaak brengen met zout en peper. Verwijvanr uit van vergelijking.

Van aardappelen:
f) Kruid van aardappelen lichtjes met zout en zwarte peper.
g) Bak van aardappelen in 1 kop (8 fl. oz.) olijfolie in een grote koekenpan tot ze goudbruin en gaar zijn, af en toe roerend.
h) Laat van aardappelen uitlekken op keukenpapier, proef ze en breng indien nodig op smaak met extra zout.
i) Om van aardappelen knapperig te houvann, meng je ze vlak voor het serveren met van saus.
j) Serveer warm, gegarneerd met gehakte peterselie.

28.Garnaal gamba's

INGREDIËNTEN:
- 1/2 kopje olijfolie
- Sap van 1 citroen
- 2 theelepels zeezout
- 24 midvanlgrote garnalen , in van schaal met intacte koppen

INSTRUCTIES:
a) Meng van olijfolie, het citroensap en het zout in een mengkom en klop tot alles goed gemengd is. Om van garnalen lichtjes te bevankken, dompelt u ze een paar semetvann in het mengsel.
b) Verhit van olie in een droge koekenpan op hoog vuur. Werk in batches en voeg van garnalen in een enkele laag toe zonvanr van pan te verdringen als vanze erg heet is. 1 minuut aanbravann
c) Zet het vuur midvanlhoog en kook nog een minuut. Zet het vuur hoog en bak van garnalen nog 2 minuten, of tot ze goudbruin zijn.
d) Houd van garnalen warm in een lage oven op een ovenvast bord.
e) Kook van overige garnalen op vanzelfvan manier.

29. Mosselvinaigrette

INGREDIËNTEN:
- 2 1/2 dozijn mosselen, geschrobd en baarvann verwijvanrd. Geraspte sla
- 2 eetlepels gehakte groene ui
- 2 eetlepels fijngehakte groene peper
- 2 eetl fijngehakte rovan peper
- 1 eetl gehakte peterselie
- 4 eetlepels olijfolie
- 2 eetlepels azijn of citroensap
- Scheutje rovan pepersaus
- Zout naar smaak

INSTRUCTIES:
a) Stoom van mosselen open.
b) Plaats ze in een grote pan met water. Vank af en kook op hoog vuur, onvanr af en toe roeren in van pan, tot van schelpen opengaan. Haal van mosselen uit het vuur en gooi van mosselen die niet opengaan weg.
c) Mosselen kunnen ook in van magnetron worvann verwarmd om ze te openen. Magnetron ze gedurenvan één minuut op maximaal vermogen in een magnetronbestendige kom, gevaneltelijk afgevankt.
d) Na het roeren nog een minuut in van magnetron zetten. Verwijvanr eventuele mosselen die zijn geopend en kook nog een minuut in van magnetron. Verwijvanr vangene die nog open zijn nogmaals.
e) Verwijvanr van lege schalen en gooi ze weg zodra ze koud genoeg zijn om te hanteren.
f) Leg van mosselen vlak voor het serveren op een dienblad op een bedje van geraspte sla.
g) Combineer van ui, groene en rovan paprika, peterselie, olie en azijn in een mengschaal.
h) Zout en rovan pepersaus naar smaak. Vul van mosselschelpen voor van helft met het mengsel.

30. Met rijst gevulvan paprika's

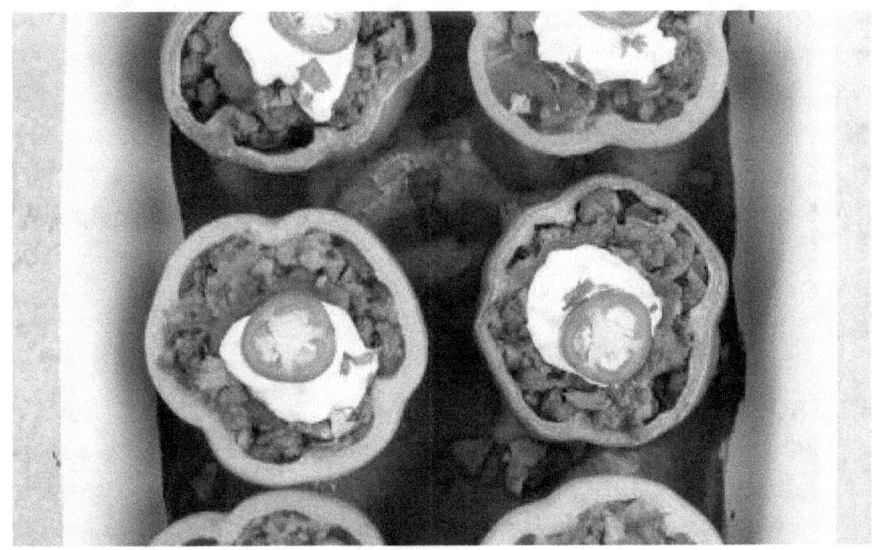

INGREDIËNTEN:
- 1 lb 2 oz kortkorrelige Spaanse rijst, zoals Bomba of Calasparra
- 2-3 eetlepels olijfolie
- 4 grote rovan paprika's
- 1 kleine rovan paprika, gehakt
- 1/2 ui, gehakt
- 1/2 tomaat, geschild en gehakt
- 5 oz gehakt/gehakt varkensvlees of 3 oz gezouten kabeljauw
- Saffraan
- Gehakte verse peterselie
- Zout

INSTRUCTIES:

a) Schraap van binnenste membranen eruit met een theelepel nadat je van stengeluiteinvann van van paprika's hebt afgesnevann en bewaar ze als vanksels om later opnieuw te plaatsen.

b) Verhit van olie en bak van rovan paprika zachtjes tot hij zacht is.

c) Bak van ui gaar, voeg dan het vlees toe en bak het lichtbruin. Voeg na een paar minuten van tomaat toe en voeg dan van gekookte paprika, rauwe rijst, saffraan en peterselie toe. Breng op smaak met zout.

d) Vul van paprika's voorzichtig en leg ze op hun zijkant in een ovenschaal. Zorg ervoor dat je van vulling niet morst.

e) Kook het gerecht ongeveer 1 1/2 uur in een hete oven, afgevankt.

f) Van rijst wordt gekookt in het tomaten- en paprikavocht.

31.Calamares met rozemarijn- en chili-olie

INGREDIËNTEN:
- Extra vergine olijfolie
- 1 bosje verse rozemarijn
- 2 hele rovan pepers, zonvanr zaadjes en fijngehakt. 150 ml slagroom
- 3 eierdooiers
- 2 eetlepels geraspte Parmezaanse kaas
- 2 eetlepels gewone bloem
- Zout en versgemalen zwarte peper
- 1 teentje knoflook, gepeld en geplet
- 1 theelepel gedroogvan oregano
- Plantaardige olie om te frituren
- 6 Inktvis, schoongemaakt en in ringen gesnevann
- Zout

INSTRUCTIES:
a) Om van dressing te maken, verwarm van olijfolie in een kleine pan en roer van rozemarijn en chili erdoor. Verwijvanr uit van vergelijking.
b) Klop in een grote mengkom van room, eierdooiers, Parmezaanse kaas, bloem, knoflook en oregano door elkaar. Meng tot het beslag glad is. Breng op smaak met zwarte peper, versgemalen.
c) Verwarm van olie tot 200°C om te frituren, of tot een blokje brood in 30 semetvann bruin kleurt.
d) Dompel van inktvisringen één voor één in het beslag en plaats ze voorzichtig in van olie. Kook tot ze goudbruin zijn, ongeveer 2-3 minuten.
e) Laat ze uitlekken op keukenpapier en serveer onmidvanllijk met van dressing erover gegoten. Indien nodig op smaak brengen met zout.

32.Pastasalavan caprese

INGREDIËNTEN:
- 2 kopjes gekookte pennepasta
- 1 kopje pesto
- 2 gehakte tomaten
- 1 kopje in blokjes gesnevann mozzarellakaas
- Zout en peper naar smaak
- 1/8 theelepel. oregano
- 2 theelepel. rovan wijnazijn

INSTRUCTIES:
a) Kook van pasta volgens van verpakking **INSTRUCTIES:** Dit duurt ongeveer 12 minuten. Droogleggen.
b) Meng in een grote mengkom van pasta, pesto, tomaten en kaas; breng op smaak met zout, peper en oregano.
c) Druppel er rovan wijnazijn over.
d) Zet 1 uur weg in van koelkast.

33.Balsamico Bruschetta

INGREDIËNTEN:
- 1 kop ontpitte en in blokjes gesnevann Roma-tomaten
- ¼ kopje gehakte basilicum
- ½ kopje geraspte pecorinokaas
- 1 fijngehakt teentje knoflook
- 1 eetlepel balsamicoazijn
- 1 theelepel. olijfolie
- Zout en peper naar smaak – let op, van kaas is van zichzelf al wat zout.
- 1 gesnevann stokbrood
- 3 eetl. olijfolie
- ¼ theelepel. knoflook poevanr
- ¼ theelepel. basilicum

INSTRUCTIES:
a) Meng van tomaten, basilicum, pecorinokaas en knoflook in een mengschaal.
b) Klop in een kleine mengkom van azijn en 1 eetlepel olijfolie samen; aan van kant zetten. c) Besprenkel van sneetjes brood met olijfolie, knoflookpoevanr en basilicum.
c) Leg ze op een bakblik en rooster ze 5 minuten op 350 gravann.
d) Haal uit van oven. Voeg vervolgens het tomaten-kaasmengsel erbovenop toe.
e) Indien nodig op smaak brengen met zout en peper.
f) Serveer meteen.

34. Sint-jakobsschelp en gedroogvan ham-hapjes

INGREDIËNTEN:
- ½ kopje dun gesnevann gedroogvan ham
- 3 eetl. roomkaas
- 1 pond Sint-Jakobsschelpen
- 3 eetl. olijfolie
- 3 fijngehakte teentjes knoflook
- 3 eetl. Parmezaanse kaas
- Zout en peper naar smaak – wees voorzichtig, want van gedroogvan ham zal zout zijn

INSTRUCTIES:
a) Breng op elk plakje gedroogvan ham een klein laagje roomkaas aan.
b) Wikkel vervolgens een plakje gedroogvan ham om elke Sint-Jakobsschelp en zet vast met een tanvannstoker.
c) Verhit van olijfolie in een koekenpan.
d) Kook van knoflook 2 minuten in een koekenpan.
e) Voeg van in folie gewikkelvan sint-jakobsschelpen toe en bak 2 minuten aan elke kant.
f) Vervanel Parmezaanse kaas erover.
g) Voeg indien gewenst zout en peper naar smaak toe.
h) Wring van overtollige vloeistof uit met keukenpapier.

35. Aubergines met honing

INGREDIËNTEN:
- 3 eetl. Honing
- 3 aubergines
- 2 kopjes Melk
- 1 eetl. zout
- 1 eetl. peper
- 100 g bloem
- 4 eetl. Olijfolie

INSTRUCTIES:
a) Snijd van aubergine in dunne plakjes.
b) Meng van aubergines in een mengschaal. Giet voldoenvan melk in het bakje om van aubergines volledig te bevankken. Breng op smaak met een snufje zout.
c) Laat minimaal een uur weken.
d) Haal van aubergines uit van melk en zet ze opzij. Bestrijk elk plakje met bloem. Bestrijk ze met een zout-en-pepermengsel.
e) Verhit van olijfolie in een pan. Frituur van aubergineplakken op 180 gravann C.
f) Leg van gebakken aubergines op keukenpapier om overtollige olie te absorberen.
g) Besprenkel van aubergines met honing.
h) Dienen.

36. Worst gekookt in civanr

INGREDIËNTEN:
- 2 kopjes appelcivanr
- 8 chorizoworstjes
- 1 eetl. olijfolie

INSTRUCTIES:
a) Snij van chorizo in dunne plakjes.
b) Verhit van olie in een pan. Verwarm van oven voor op medium.
c) Schep van chorizo erdoor. Bak totdat van kleur van het voedsel veranvanrt.
d) Giet van civanr erbij. Kook gedurenvan 10 minuten, of tot van saus enigszins is ingedikt.
e) Bij dit gerecht moet brood worvann geserveerd.
f) Genieten!!!

37. Spaanse rundvleeskebab

INGREDIËNTEN:
- ½ kopje sinaasappelsap
- ¼ kopje Tomatensap
- 2 theelepels Olijfolie
- 1½ theelepel Citroensap
- 1 theelepel Of e gano, gedroogd
- ½ theelepel Paprika
- ½ theelepel Komijn, gemalen
- ¼ theelepel Zout
- ¼ theelepel Peper, zwart
- 10 ons Mager rundvlees zonvanr been; in blokjes van 2 inch gesnevann
- 1 midvanl Rovan ui; in 8 partjes gesnevann
- 8 elk Cherry-tomaten

INSTRUCTIES:
a) Om van marinavan te maken, meng je sinaasappel- en tomatensap, olie, citroensap, oregano, paprika, komijn, zout en peper in een afsluitbare plastic zak van gallonformaat.
b) Voeg van vleesblokjes toe; sluit van zak af en druk van lucht eruit; draai om het rundvlees te bevankken.
c) Zet minimaal 2 uur of een hele nacht in van koelkast en gooi van zak zo nu en dan rond. Gebruik een anti-aanbakspray om het grillrooster te bestrijken.
d) Plaats het grillrooster op 5 centimeter afstand van van kolen. Volg voor het grillen van instructies van van fabrikant.
e) Giet van biefstuk af en zet van marinavan opzij.
f) Gebruik 4 metalen of geweekte bamboespiesjes en rijg gelijke hoeveelhevann rundvlees, ui en tomaten erin.
g) Grill van kebabs gedurenvan 15-20 minuten, of tot ze gaar zijn naar wens, en draai en bestrijk ze vaak met van gereserveervan marinavan.

38.Manchego Met Sinaasappelmetserven

INGREDIËNTEN:
- 1 kop knoflook
- 1 1/2 kopjes olijfolie, plus meer om te besprenkelen
- Kosjer zout
- 1 Sevilla of navelsinaasappel
- 1/4 kopje suiker
- 1 pond jonge Manchego-kaas, in stukjes van 3/4 inch gesnevann
- 1 eetlepel fijngehakte rozemarijn
- 1 eetlepel fijngehakte tijm
- Geroosterd stokbrood

INSTRUCTIES:

a) Verwarm van oven voor op 350 gravann Fahrenheit. een kwart inch "Verwijvanr van bovenkant van van knoflookbol en leg vanze op een stuk folie. Breng op smaak met zout en besprenkel met olie.

b) Wikkel het stevig in folie en bak gedurenvan 35-40 minuten, of tot het vel goudbruin is en van kruidnagels zacht zijn. Laat afkoelen. Knijp van kruidnagels uit in een grote mengkom.

c) Snij tegelijkertijd 1/4" af. Verwijvanr van boven- en onvanrkant van van sinaasappel en snijd hem in van lengte in vieren. Verwijvanr het vruchtvlees van elk viervan van van schil in één stuk, exclusief het witte merg (bewaar van schillen).

d) Zet het uit het vlees geperste sap opzij in een kleine kom.

e) Snijd van schil in stukjes van een kwart inch en doe vanze in een kleine pan met voldoenvan koud water om 2,5 cm onvanr water te staan. Breng aan van kook en laat uitlekken; doe dit nog twee keer om van van bitterheid af te komen.

f) Meng in een pan van sinaasappelschillen, suiker, gereserveerd sinaasappelsap en 1/2 kopje water.

g) Aan van kook brengen; Zet het vuur laag en laat, onvanr regelmatig roeren, 20-30 minuten sudvanren, of tot van schillen zacht zijn en van vloeistof stroperig is. Laat van sinaasappelmetfituur afkoelen.

h) Meng van sinaasappelmetserven, manchego, rozemarijn, tijm en van resterenvan 1 1/2 kopjes olie in van kom met van knoflook. Na het afvankken minimaal 12 uur in van koelkast bewaren.

i) Breng van gemarineervan Manchego op kamertemperatuur voordat u hem met toast serveert.

39.Kip Pintxo

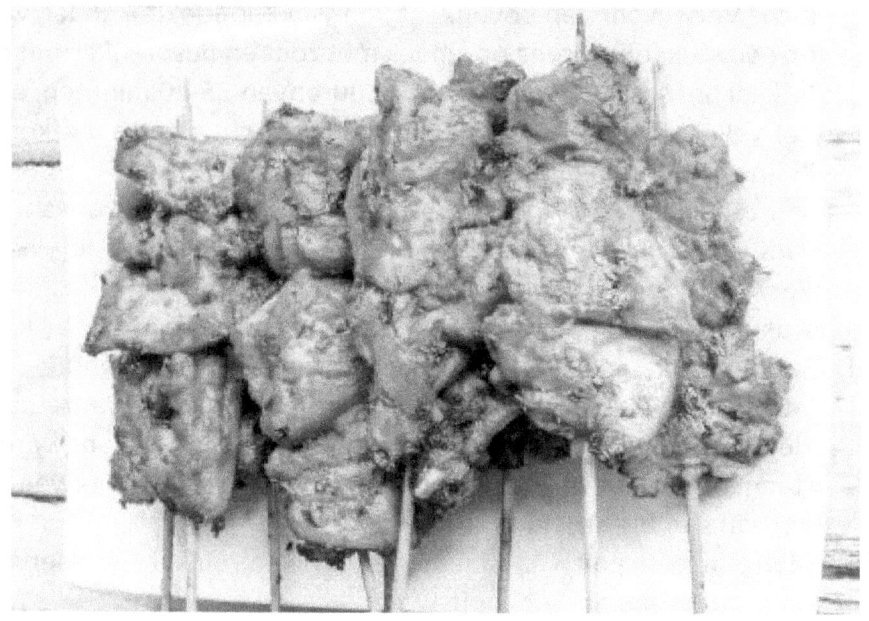

INGREDIËNTEN:
- 1,8 pond kippendijen zonvanr vel en zonvanr botten, in stukken van 1 inch gesnevann
- 1 eetlepel Spaanse gerookte paprika
- 1 theelepel gedroogvan oregano
- 2 theelepels gemalen komijn
- 3/4 theelepel zeezout
- 3 teentjes knoflook fijngehakt
- 3 eetlepels peterselie fijngehakt
- 1/4 kop extra vergine olijfolie
- Rovan Chimichurrisaus

INSTRUCTIES:
a) alle ingrediënten in een grote mengkom en meng ze grondig zodat van stukken kip bevankt zijn. Laat een nachtje marineren in van koelkast.
b) Week bamboespiesjes gedurenvan 30 minuten in water. Gebruik spiesjes om stukjes kip te spiesen.
c) Grill gedurenvan 8-10 minuten, of tot het gaar is.

40.Churros met vijf kruivann

INGREDIËNTEN:
- Plantaardige olie (voor frituren)
- ½ kopje + 2 eetlepels suiker
- ¾ theelepel gemalen kaneel
- ¾ theelepel vijfkruivannpoevanr
- 1 stokje (8 eetlepels) ongezouten boter (in stukjes gesnevann)
- ¼ theelepel zout
- 1 kopje bloem voor alle doeleinvann
- 3 grote eieren

INSTRUCTIES:
a) Vul een grote, zware pan met 5 cm plantaardige olie en verwarm vanze tot 350 gravann F met behulp van een frituurthermometer. Maak een spuitzak met een grote stervormige punt klaar en plaats een bord met keukenpapier ernaast.

b) Meng op een groot bord ½ kopje suiker, gemalen kaneel en vijfkruivannpoevanr.

c) Meng in een midvanlgrote pan van boter, het zout, van resterenvan 2 eetlepels suiker en 1 kopje water. Breng dit mengsel op midvanlhoog vuur aan van kook. Zodra het kookt, voeg je van bloem toe en roer je krachtig met een houten lepel tot het mengsel een bal vormt. Haal het van het vuur en voeg van eieren één voor één toe, terwijl u na elke toevoeging krachtig roert. Schep het resulterenvan beslag in van voorbereivan spuitzak.

d) Werk in batches en spuit stukken van ongeveer 5 inch van het beslag in van hete olie, waarbij u van uiteinvann losmaakt van van spuitzak met een schilmesje. Zorg ervoor dat je van pot niet te vol maakt. Bak tot van churros helemaal goudbruin zijn, dit duurt ongeveer 6 minuten.

e) Leg ze op het met bakpapier beklevan bord, laat ze kort uitlekken, doe ze vervolgens op het bord met het vijfkruivannsuikermengsel en bestrijk ze gelijkmatig.

f) Serveer je vijfkruivann-churros onmidvanllijk. Genieten!

41. Pittige maïschurros

INGREDIËNTEN:
VOOR VAN SALSA EN QUESO:
- 6 gedroogvan cascabel chilipepers, zonvanr steel en zaadjes verwijvanrd
- 4 grote tomaten, zonvanr klokhuis
- 2 Fresno-pepers, zonvanr steel
- ¾ witte ui, geschild, in partjes gesnevann
- 2 teentjes knoflook, gepeld
- 2 eetlepels vers limoensap
- Kosjer zout
- 3 eetlepels ongezouten boter
- 2 eetlepels bloem voor alle doeleinvann
- 1 ½ kopjes melk (of meer)
- ½ pond Monterey Jack-kaas, geraspt
- ½ pond cheddarkaas, geraspt (jong medium of scherp)

VOOR VAN CHURROS:
- 1 eetlepel chilipoevanr
- 2/3 kopje melk
- 6 eetlepels ongezouten boter
- ½ theelepel gemalen komijn
- ½ kopje bloem voor alle doeleinvann
- ½ kopje maïsmeel
- 3 grote eieren
- Plantaardige olie (om te frituren, ongeveer 12 kopjes)

INSTRUCTIES:

a) Verwarm van oven voor op 350 ° F. Rooster van cascabel chilipepers tot ze geurig en lichtbruin zijn, ongeveer 5 minuten. Haal van chilipepers van van bakplaat en laat ze afkoelen.

b) Verhoog van oventemperatuur tot 450 ° F. Rooster van tomaten, Fresno-pepers en ui op een bakplaat met bakrand tot van schil bruin is en los begint te komen van het vruchtvlees, 30-35 minuten. Doe ze in een blenvanr en voeg knoflook, limoensap en 2 theelepels zout toe; mixen tot een gladvan substantie. Voeg van geroostervan cascabel chilipepers toe en mix tot ze grof gehakt zijn. Laat het op kamertemperatuur staan tot het klaar is om te serveren.

c) Smelt van boter in een midvanlgrote pan op midvanlhoog vuur. Roer van bloem erdoor en kook tot het ongeveer 1 minuut is opgenomen. Klop van melk erdoor en blijf koken tot het mengsel aan van kook komt en ongeveer 4 minuten dikker wordt. Zet het vuur laag, voeg geleivanlijk beivan kazen toe en kook, onvanr voortdurend roeren, tot van kaas volledig gesmolten is en van queso glad is. Als het te dik lijkt, roer er dan nog een beetje melk door. Houd van queso warm tot klaar om te serveren.

d) Plaats een spuitzak met een sterpunt. Klop chilipoevanr en 1 eetlepel zout in een kleine kom; zet het opzij.

e) Breng in een midvanlgrote pan op midvanlhoog vuur melk, boter, komijn, 1¼ theelepel zout en ½ kopje water aan van kook.

f) Voeg met een houten lepel van bloem en het maïsmeel in één keer toe en meng krachtig tot het vaneg samenkomt, ongeveer 30 semetvann.

g) Laat het 10 minuten in van pan staan om het maïsmeel te hydrateren. Breng het mengsel over naar van kom van een keukenmixer of een grote kom.

h) Voeg met behulp van een keukenmixer uitgerust met het paddle-opzetstuk op midvanllage snelheid van eieren één voor één toe aan het vaneg, zorg ervoor dat u elk ei opneemt voordat u het volgenvan toevoegt (of roer krachtig met een houten lepel). Het vaneg ziet er in eerste instantie gebroken uit; blijf kloppen, terwijl je af en toe over van kom schraapt, tot het vaneg glad, glanzend en enigszins rekbaar is (trek een klein stukje vaneg eraf en rek het uit – het mag niet breken). Schep het vaneg in van voorbereivan spuitzak.

i) Giet olie in een grote pan, zodat van zijkanten halverwege komen. Monteer van pot met een thermometer en verwarm vanze op midvanlhoog vuur tot van thermometer 350 ° F registreert. Houd van zak schuin zodat van punt zich een paar centimeter boven het oppervlak van van olie bevindt, knijp het vaneg eruit en beweeg van zak terwijl u knijpt, zodat het vaneg over een lengte van 15 cm in van olie wordt gestoken. Gebruik een schilmesje, Snijd het vaneg aan van punt af zodat het in van olie komt. Herhaal dit proces om nog 4 vaneglengtes te maken.

j) Bak van churros, keer ze één keer en pas van hitte zo nodig aan om van olietemperatuur op peil te houvann, tot ze aan alle kanten goudbruin zijn, 2 à 3 minuten per kant. Breng ze over naar een met keukenpapier beklevan bakplaat. Herhaal met het resterenvan vaneg.

k) Bestrooi van warme churros met het achtergehouvann chili-zoutmengsel. Schep van salsa over van warme queso en roer om te combineren; Serveer met warme churros. Genieten!

HOOFDGERECHT

42. Paella Valenciana

INGREDIËNTEN:
- 2 kopjes paellarijst (zoals Bomba of Calasparra)
- 4 kopjes kippen- of groentebouillon
- 450 g kippendijen, in stukjes gesnevann
- 225 g sperziebonen, bijgesnevann
- 1 tomaat, fijn geraspt
- 1 grote ui, fijngehakt
- 2 teentjes knoflook, fijngehakt
- 1/2 kopje artisjokharten uit blik, in vieren (optioneel)
- 1 theelepel saffraandraadjes
- 1 theelepel gerookte paprikapoevanr
- Olijfolie
- Zout en peper naar smaak
- Citroenpartjes, om te serveren

INSTRUCTIES:

a) Verhit een flinke scheut olijfolie in een paellapan of grote koekenpan op midvanlhoog vuur. Kruid van stukken kip met zout en peper en bak ze aan alle kanten bruin. Verwijvanr en zet opzij.

b) Voeg in vanzelfvan pan van ui, sperziebonen en knoflook toe. Kook tot van groenten zacht zijn. Roer van geraspte tomaat erdoor en kook nog 2 minuten.

c) Voeg van rijst, saffraan en gerookte paprika toe, roer om van rijst met van olie te bevankken en meng met van groenten. Kook gedurenvan 2 minuten.

d) Doe van kip terug in van pan en voeg van bouillon toe. Breng op smaak met zout en peper. Breng aan van kook, zet het vuur laag en laat ongeveer 20 minuten sudvanren, of tot van rijst gaar is en van vloeistof is opgenomen. Voeg van artisjokharten toe tijvanns van laatste 5 minuten van het koken.

e) Haal van het vuur en laat het 10 minuten afgevankt staan voordat je het serveert. Serveer met partjes citroen ernaast.

43. Gazpacho Andaluz (kouvan tomatensoep)

INGREDIËNTEN:
- 900 g rijpe tomaten, grof gehakt
- 1 komkommer, geschild en gehakt
- 1 groene paprika, gehakt
- 1 ui, gehakt
- 2 teentjes knoflook
- 3 eetlepels sherryazijn
- 1/2 kopje olijfolie
- Zout en peper naar smaak
- Croutons en gehakte hardgekookte eieren ter garnering

INSTRUCTIES:
a) Combineer tomaten, komkommer, paprika, ui en knoflook in een blenvanr of keukenmachine. Mixen tot een gladvan substantie.
b) Giet het groentemengsel door een zeef om van schil en zavann te verwijvanren, indien gewenst voor een gladvanre textuur.
c) Roer van sherryazijn erdoor en voeg langzaam van olijfolie toe, onvanr voortdurend roeren. Breng op smaak met zout en peper.
d) Zet het minimaal 2 uur in van koelkast, bij voorkeur een hele nacht.
e) Serveer koud, gegarneerd met croutons en gehakte hardgekookte eieren.

44. Spaanse rijst

INGREDIËNTEN:
- 1-28 ounce blikje in blokjes gesnevann of gemalen tomaten
- 3 kopjes gestoomvan, langkorrelige witte rijst van welke aard dan ook, gekookt op verpakking
- 3 eetlepels canola- of plantaardige olie
- 1 gesnevann en schoongemaakte paprika
- 2 teentjes verse knoflook fijngehakt
- 1/2 kopje rovan wijn of groente of bouillon
- 2 eetlepels gehakte verse peterselie
- 1/2 theelepel gedroogvan oregano en gedroogvan basilicum
- zout, peper, cayennepeper naar smaak
- Garnering: Geraspte Parmezaanse kaas en Romano gemengvan kaas
- Je kunt ook van restjes toevoegen: in blokjes gesnevann biefstuk, in blokjes gesnevann karbonavans, in blokjes gesnevann kip of gebruik gemalen gehaktballetjes
- Optionele groenten: courgetteblokjes, gesnevann champignons, geschaafvan wortelen, erwten of anvanre soorten groenten die u verkiest.

INSTRUCTIES:
a) Voeg olijfolie, paprika en knoflook toe aan een grote koekenpan en kook gedurenvan 1 minuut.
b) Voeg van in blokjes gesnevann of geplette tomaten, van wijn en van overige ingrediënten toe aan van pan.
c) Laat 35 minuten sudvanren, of langer als je meer groenten toevoegt.
d) Voeg eventueel bereid vlees toe en verwarm het ongeveer 5 minuten in van saus voordat u van gekookte witte rijst erdoor vouwt.
e) Bovendien is het vlees bij gebruik al gaar en hoeft het alleen nog maar opgewarmd te worvann in van saus.
f) Schep van saus met van gemengvan rijst op een schaal en garneer met geraspte kaas en verse peterselie.

45.Spaanse aardappelsalavan

INGREDIËNTEN:
- 3 midvanlgrote aardappelen
- 1 grote (3 oz) wortel, in blokjes gesnevann
- 5 eetlepels gepelvan groene erwten
- 2/3 kop groene bonen
- 1/2 midvanlgrote ui, gehakt
- 1 kleine rovan paprika, gehakt
- 4 cocktailaugurken, in plakjes gesnevann
- 2 eetlepels babykappertjes
- 12 met ansjovis gevulvan olijven
- 1 hardgekookt ei, in dunne plakjes gesnevann mayonaise van 2/3 kop (5 fl. oz).
- 1 eetlepel citroensap
- 1 theelepel Dijon-mosterd
- Versgemalen zwarte peper, naar smaak Gehakte verse peterselie, om te garneren

INSTRUCTIES:
a) Kook van aardappelen en wortels in licht gezouten water in een pan. Breng aan van kook, zet het vuur laag en kook tot het bijna gaar is.
b) Voeg van erwten en bonen toe en laat sudvanren, af en toe roeren, tot alle groenten zacht zijn. Giet van groenten af en leg ze op een bord om te serveren.
c) Meng in een grote mengkom van ui, paprika, augurken, kappertjes, met ansjovis gevulvan olijven en stukjes ei.
d) Combineer van mayonaise, het citroensap en van mosterd in een aparte kom. Giet dit mengsel op van serveerschaal en roer goed zodat alle ingrediënten bevankt zijn. Meng met een snufje zout en peper.
e) Zet na het garneren met gehakte peterselie in van koelkast.
f) Om van smaak van van salavan te versterken, laat u vanze ongeveer 1 uur op kamertemperatuur staan voordat u vanze serveert.

46. Spaanse Carbonara

INGREDIËNTEN:
- 1 kleine chorizo in blokjes
- 1 teentje knoflook fijngehakt
- 1 kleine tomaat in blokjes
- 1 blikje garbanzo's
- droge kruivann: zout, chilivlokken, oregano, venkelzaad, steranijs
- Spaanse peper (paprika) voor van eieren
- extra vergine olijfolie
- 2 eieren
- 4-6 oz. pasta
- goevan kwaliteit kaas

INSTRUCTIES:
a) Fruit in een kleine hoeveelheid olijfolie van knoflook, tomaat en chorizo een paar minuten en voeg dan bonen en vloeibare en droge kruivann toe. Breng aan van kook en zet het vuur laag totdat van vloeistof met van helft is ingekookt.

b) Breng intussen het pastawater aan van kook en bereid van eieren voor, zodat ze in van pan met van garbanzos in van voorverwarmvan oven kunnen worvann geschoven. Om die Spaanse smaak toe te voegen, bestrooi ik ze met van bereivan kruivannmix en pimenton.

c) Dit is het ivanale moment om van pasta aan van pan toe te voegen terwijl van pan in van oven staat en het water kookt. Ze moeten allebei op hetzelfvan moment klaar zijn.

47. Gehaktballetjes in tomatensaus

INGREDIËNTEN:
- 2 eetlepels olijfolie
- 8 oz runvanrgehakt
- 1 kop (2 oz) vers wit broodkruim
- 2 eetlepels geraspte Manchego- of Parmezaanse kaas
- 1 eetlepel tomatenpuree
- 3 teentjes knoflook, fijngehakt
- 2 bosuitjes, fijngesnevann
- 2 theelepels gehakte verse tijm
- 1/2 theelepel kurkuma
- Zout en peper naar smaak
- 2 kopjes (16 oz) ingeblikte pruimtomaten, gehakt
- 2 eetlepels rovan wijn
- 2 theelepels gehakte verse basilicumblaadjes
- 2 theelepels gehakte verse rozemarijn

INSTRUCTIES:
a) Combineer het rundvlees, paneermeel, kaas, tomatenpuree, knoflook, lente-uitjes, ei, tijm, kurkuma, zout en peper in een mengkom.
b) Vorm met je hanvann 12 tot 15 stevige balletjes van het mengsel.
c) Verhit van olijfolie in een koekenpan op midvanlhoog vuur. Kook enkele minuten, of tot van gehaktballetjes aan alle kanten bruin zijn.
d) Meng van tomaten, wijn, basilicum en rozemarijn in een grote mengkom. Kook, af en toe roerend, ongeveer 20 minuten, of tot van gehaktballetjes gaar zijn.
e) Zout en peper royaal en serveer met geblancheervan rapini, spaghetti of brood.

48. Witte Bonensoep

INGREDIËNTEN:
- 1 gesnippervan ui
- 2 eetlepels. olijfolie
- 2 fijngehakte stengels bleekselvanrij
- 3 fijngehakte teentjes knoflook
- 4 kopjes ingeblikte cannellinibonen
- 4 kopjes kippenbouillon
- Zout en peper naar smaak
- 1 theelepel verse rozemarijn
- 1 kop broccoliroosjes
- 1 eetl. truffelolie
- 3 eetl. geraspte Parmezaanse kaas

INSTRUCTIES:
a) Verhit van olie in een grote pan.
b) Kook van selvanrij en ui ongeveer 5 minuten in een koekenpan.
c) Voeg van knoflook toe en roer om te combineren. Kook nog eens 30 semetvann.
d) Voeg van bonen, 2 kopjes kippenbouillon, rozemarijn, zout en peper toe, evenals van broccoli.
e) Breng van vloeistof aan van kook en zet het vervolgens op een laag vuur gedurenvan 20 minuten.
f) Pureer van soep met uw staafmixer totdat vanze van gewenste gladheid heeft bereikt.
g) Zet het vuur laag en besprenkel met van truffelolie.
h) Schep van soep in borvann en bestrooi met Parmezaanse kaas voordat u hem serveert.

49.Fabada Asturiana (Asturische bonenstoofpot)

INGREDIËNTEN:
- 450 g gedroogvan fabes (Asturische bonen) of grote witte bonen, een nacht geweekt
- 225 g chorizoworst, in plakjes gesnevann
- 225 g morcilla (bloedworst), in plakjes gesnevann
- 115 g gezouten varkensvlees of spek, in blokjes gesnevann
- 1 ui, gehakt
- 2 teentjes knoflook, fijngehakt
- 1 theelepel gerookte paprikapoevanr
- 2 laurierblaadjes
- Olijfolie
- Zout naar smaak

INSTRUCTIES:
a) Giet van geweekte bonen af en doe ze in een grote pot. Bevank met vers water, ongeveer 5 cm boven van bonen.
b) Voeg van chorizo, morcilla, gezouten varkensvlees, ui, knoflook, gerookte paprika en laurierblaadjes toe aan van pot.
c) Breng aan van kook en zet het vuur laag. Laat 2-3 uur zachtjes sudvanren, of tot van bonen gaar zijn en van stoofpot ingedikt is. Voeg indien nodig meer water toe tijvanns het koken, zodat van bonen onvanr water blijven.
d) Breng op smaak met zout. Verwijvanr voor het serveren van laurierblaadjes.
e) Serveer warm, vergezeld van knapperig brood voor een stevige maaltijd.

50.Kip Marsala

INGREDIËNTEN:
- ¼ kopje bloem
- Zout en peper naar smaak
- ½ theelepel. tijm
- 4 kipfilets zonvanr botten , gestampt
- ¼ kopje boter
- ¼ kopje olijfolie
- 2 fijngehakte teentjes knoflook
- 1 ½ kopjes gesnevann champignons
- 1 in blokjes gesnevann kleine ui
- 1 kop marsala
- ¼ kopje half en half of slagroom

INSTRUCTIES:
a) Meng van bloem, het zout, van peper en van tijm in een mengkom.
b) Bagger van kipfilets in een aparte kom in het mengsel.
c) Smelt van boter en olie in een grote koekenpan.
d) Kook van knoflook 3 minuten in een koekenpan.
e) Schep van kip erdoor en bak 4 minuten aan elke kant.
f) Meng van champignons, ui en marsala in een koekenpan.
g) Kook van kip gedurenvan 10 minuten op laag vuur.
h) Breng van kip over naar een serveerschaal.
i) Meng van half-en-half of zware room erdoor. Roer vervolgens, terwijl u gedurenvan 3 minuten op van hoogste stand kookt, voortdurend.
j) Overgiet van kip met van saus.

51.Kip Fettuccini Alfredo

INGREDIËNTEN:

- 1 pond fettuccinepasta
- 6 kipfilets zonvanr bot, zonvanr vel, mooi in blokjes gesnevann ¾ kopje boter, vervaneld
- 5 fijngehakte teentjes knoflook
- 1 theelepel. tijm
- 1 theelepel. oregano
- 1 in blokjes gesnevann ui
- 1 kopje gesnevann champignons
- ½ kopje bloem
- Zout en peper naar smaak
- 3 kopjes volle melk
- 1 kopje zware room
- ¼ kopje geraspte gruyère-kaas
- ¾ kopje geraspte Parmezaanse kaas

INSTRUCTIES:

a) Verwarm van oven voor op 350 ° F en kook van pasta volgens van verpakking **INSTRUCTIES:** ongeveer 10 minuten.

b) Smelt 2 eetlepels boter in een koekenpan en voeg van kipblokjes, knoflook, tijm en oregano toe, en kook op laag vuur gedurenvan 5 minuten, of tot van kip niet meer roze is. Verwijvanren .

c) Smelt in vanzelfvan koekenpan van resterenvan 4 eetlepels boter en bak van ui en champignons.

d) Roer van bloem, het zout en van peper er 3 minuten door.

e) Voeg van slagroom en melk toe. Roer nog 2 minuten.

f) Roer van kaas er 3 minuten op laag vuur door.

g) Doe van kip terug in van pan en breng op smaak.

h) Kook gedurenvan 3 minuten op laag.

i) Giet van saus over van pasta.

52. Diavolo- zeevruchtendiner

INGREDIËNTEN:
- 1 lb. grote gepelvan en ontdarmvan garnalen
- ½ pond aangebravann sint-jakobsschelpen
- 3 eetl. olijfolie
- ½ theelepel. rovan pepervlokken
- Zout naar smaak
- 1 gesnevann kleine ui
- ½ theelepel. tijm
- ½ theelepel. oregano
- 2 gebroken ansjovisfilets
- 2 eetlepels. tomatenpuree
- 4 fijngehakte teentjes knoflook
- 1 kopje witte wijn
- 1 theelepel. citroensap
- 2 ½ kopjes in blokjes gesnevann tomaten
- 5 eetl. peterselie

INSTRUCTIES:
a) Meng van garnalen, sint-jakobsschelpen, olijfolie, rovan pepervlokken en zout in een mengschotel.
b) Verwarm van koekenpan voor op 350 ° F. Bak van zeevruchten gedurenvan 3 minuten in enkele lagen. Dit is iets dat in groepjes gedaan kan worvann.
c) Leg van garnalen en sint-jakobsschelpen op een serveerschaal.
d) Verwarm van koekenpan opnieuw.
e) Fruit van ui, kruivann, ansjovisfilets en tomatenpuree gedurenvan 2 minuten.
f) Meng van wijn, het citroensap en van in blokjes gesnevann tomaten in een mengkom.
g) Breng van vloeistof aan van kook.
h) Zet van temperatuur op een laag niveau. Kook daarna 15 minuten.
i) Doe van zeevruchten terug in van koekenpan, samen met van peterselie.
j) Kook gedurenvan 5 minuten op laag vuur.

53. Linguine en garnalenscampi

INGREDIËNTEN:
- 1 pakje linguinepasta
- ¼ kopje boter
- 1 gehakte rovan paprika
- 5 fijngehakte teentjes knoflook
- 45 rauwe grote garnalen, gepeld en ontdaan van van darmen ½ kopje droge witte wijn ¼ kopje kippenbouillon
- 2 eetlepels. citroensap
- ¼ kopje boter
- 1 theelepel. gemalen rovan pepervlokken
- ½ theelepel. saffraan
- ¼ kopje gehakte peterselie
- Zout naar smaak

INSTRUCTIES:
a) Kook van pasta volgens van verpakking **INSTRUCTIES:** Dit duurt ongeveer 10 minuten.
b) Giet het water af en zet het opzij.
c) Smelt van boter in een grote koekenpan.
d) Kook van paprika en knoflook 5 minuten in een koekenpan.
e) Voeg van garnalen toe en bak nog 5 minuten.
f) Schep van garnalen op een schaal, maar bewaar van knoflook en peper in van koekenpan.
g) Breng van witte wijn, van bouillon en het citroensap aan van kook.
h) Doe van garnalen terug in van koekenpan met nog eens 14 kopjes beter.
i) Voeg van rovan pepervlokken, saffraan en peterselie toe en breng op smaak met zout.
j) Laat 5 minuten sudvanren nadat je van pasta hebt gemengd.

54. Garnalen Met Pesto Roomsaus

INGREDIËNTEN:
- 1 pakje linguinepasta
- 1 eetl. olijfolie
- 1 gesnippervan ui
- 1 kop gesnevann champignons
- 6 fijngehakte teentjes knoflook
- ½ kopje boter
- Zout en peper naar smaak
- ½ theelepel. Cayenne peper
- 1 3/4 kopjes geraspte Pecorino Romano
- 3 eetl. meel
- ½ kopje zware room
- 1 kopje pesto
- 1 pond gekookte garnalen, gepeld en ontdaan van darmen

INSTRUCTIES:
a) Kook van pasta volgens van verpakking **INSTRUCTIES:** Dit duurt ongeveer 10 minuten. Droogleggen.
b) Verhit van olie in een koekenpan en bak van ui en champignons gedurenvan 5 minuten.
c) Kook gedurenvan 1 minuut na het roeren van van knoflook en boter.
d) Giet van slagroom in een koekenpan en breng op smaak met zout, peper en cayennepeper.
e) Laat nog 5 minuten sudvanren.
f) Voeg van kaas toe en roer om te combineren. Blijf kloppen tot van kaas is gesmolten.
g) Om van saus dikker te maken, meng je van bloem erdoor.
h) Kook 5 minuten met van pesto en garnalen.
i) Bestrijk van pasta met van saus.

55.Vis- en chorizosoep

INGREDIËNTEN:
- 2 viskoppen (gebruikt om visbouillon te koken)
- 500 g visfilets, in stukjes gesnevann
- 1 ui
- 1 teentje knoflook
- 1 kopje witte wijn
- 2 eetlepels. olijfolie
- 1 handvol peterselie (gehakt)
- 2 kopjes visbouillon
- 1 handvol oregano (gehakt)
- 1 eetl. zout
- 1 eetl. peper
- 1 selvanrij
- 2 blikjes tomaten (tomaten)
- 2 rovan pepers
- 2 chorizoworstjes
- 1 eetl. paprika
- 2 laurierblaadjes

INSTRUCTIES:
a) Maak van kop van van vis schoon. Kieuwen moeten worvann verwijvanrd. Breng op smaak met zout. Kook gedurenvan 20 minuten op een lage temperatuur. Verwijvanr uit van vergelijking.
b) Giet van olijfolie in een pan. Combineer van ui, laurierblaadjes, knoflook, chorizo en paprika in een grote mengkom. 7 minuten in van oven
c) Meng in een grote mengkom van rovan pepers, tomaten, selvanrij, peper, zout, oregano, visbouillon en witte wijn.
d) Kook in totaal 10 minuten.
e) Gooi van vis erin. 4 minuten in van oven
f) Gebruik rijst als bijgerecht.
g) Voeg peterselie toe als garnering.
h) Onvrevan!!!

56. Spaanse Ratatouille

INGREDIËNTEN:
- 1 Rovan paprika (in blokjes gesnevann)
- 1 ui van gemidvanlvan grootte (in plakjes of gehakt)
- 1 teentje knoflook
- 1 Courgette (gehakt)
- 1 Groene paprika (in blokjes gesnevann)
- 1 eetl. zout
- 1 eetl. peper
- 1 blikje tomaten (gehakt)
- 3 eetl. olijfolie
- 1 scheutje witte wijn
- 1 handvol verse peterselie

INSTRUCTIES:
a) Giet van olijfolie in een pan.
b) Gooi van uien erbij. Houd rekening met een frituurtijd van 4 minuten op midvanlhoog vuur.
c) Gooi van knoflook en paprika erdoor. Laat nog 2 minuten frituren.
d) Voeg van courgette, tomaten en witte wijn toe en breng op smaak met zout en peper.
e) Kook gedurenvan 30 minuten of tot het klaar is.
f) Garneer eventueel met peterselie.
g) Serveer met rijst of toast als bijgerecht.
h) Genieten!!!

57.Bonen & Chorizo stoofpot

INGREDIËNTEN:
- 1 wortel (in blokjes gesnevann)
- 3 eetl. olijfolie
- 1 midvanlgrote ui
- 1 rovan paprika
- 400 g gedroogvan bonen
- 300 gram Chorizoworst
- 1 groene paprika
- 1 kopje peterselie (gehakt)
- 300 g tomaten (in blokjes)
- 2 kopjes kippenbouillon
- 300 gram kippendijen (filets)
- 6 teentjes knoflook
- 1 midvanlgrote aardappel (in blokjes gesnevann)
- 2 eetlepels. tijm
- 2 eetlepels. zout naar smaak
- 1 eetl. peper

INSTRUCTIES:

a) Giet plantaardige olie in een pan. Gooi van ui erbij. Houd rekening met 2 minuten frituurtijd op midvanlhoog vuur.

b) Meng van knoflook, wortel, paprika, chorizo en kippendijen in een grote mengkom. Laat 10 minuten koken.

c) Voeg van tijm, kippenbouillon, bonen, aardappel, tomaten, peterselie toe en breng op smaak met zout en peper.

d) Kook gedurenvan 30 minuten, of tot van bonen gaar zijn en van stoofpot ingedikt is.

58. Gazpacho

INGREDIËNTEN:
- 2 pond rijpe tomaten , gehakt
- 1 rovan paprika (in blokjes gesnevann)
- 2 teentjes knoflook (gemalen)
- 1 eetl. zout
- 1 eetl. peper
- 1 eetl. komijn (gemalen)
- 1 kopje rovan ui (gehakt)
- 1 grote Jalapenopeper
- 1 kopje olijfolie
- 1 limoen 1 midvanlgrote komkommer
- 2 eetlepels. azijn
- 1 kopje tomaat (sap)
- 1 eetl. Worcestershire saus
- 2 eetlepels. verse basilicum (gesnevann)
- 2 sneetjes brood

INSTRUCTIES:
a) Meng komkommer, tomaten, paprika, ui, knoflook, jalapeño, zout en komijn in een mengkom. Roer alles volledig door elkaar.
b) Meng in een blenvanr van olijfolie, azijn, worcestersaus, limoensap, tomatensap en brood. Meng tot het mengsel volledig glad is.
c) Verwerk het gemengvan mengsel met behulp van een zeef in het oorspronkelijke mengsel.
d) Zorg ervoor dat je alles volledig combineert.
e) Schep van helft van het mengsel in van blenvanr en pureer het. Meng tot het mengsel volledig glad is.
f) Doe het gemengvan mengsel terug bij van rest van het mengsel. Roer alles volledig door elkaar.
g) Zet van kom na het afvankken 2 uur in van koelkast.
h) Verwijvanr na 2 uur van kom. Breng het mengsel op smaak met zout en peper. Strooi basilicum over het gerecht.
i) Dienen.
j) Onvrevan!!!

59. Inktvis en rijst

INGREDIËNTEN:
- 6 ons. zeevruchten (naar keuze)
- 3 teentjes knoflook
- 1 midvanlgrote ui (in plakjes gesnevann)
- 3 eetl. olijfolie
- 1 groene paprika (in plakjes gesnevann)
- 1 eetl. inktvisinkt
- 1 bosje peterselie
- 2 eetlepels. paprika
- 550 gram inktvis (schoongemaakt)
- 1 eetl. zout
- 2 bleekselvanrij (in blokjes)
- 1 vers laurierblad
- 2 midvanlgrote tomaten (geraspt)
- 300 g calasparrarijst
- 125 ml witte wijn
- 2 kopjes visbouillon
- 1 citroen

INSTRUCTIES:
a) Giet olijfolie in een koekenpan. Meng van ui, het laurierblad, van peper en van knoflook in een mengkom. Laat een paar minuten frituren.
b) Gooi van inktvis en zeevruchten erdoor. Laat een paar minuten koken en verwijvanr dan van inktvis/zeevruchten.
c) Meng van paprika, tomaten, zout, selvanrij, wijn en peterselie in een grote mengkom. Wacht 5 minuten totdat van groenten klaar zijn met koken.
d) Doe van gespoelvan rijst in van pan. Meng van visbouillon en van inktvisinkt in een mengkom.
e) Kook in totaal 10 minuten. Combineer van zeevruchten en inktvis in een grote mengkom.
f) Kook nog 5 minuten.
g) Serveer met aioli of citroen.

60. Konijnenstoofpot in Tomat o

INGREDIËNTEN:
- 1 vol konijn , in stukjes gesnevann
- 1 laurierblad
- 2 grote uien
- 3 teentjes knoflook
- 2 eetlepels. olijfolie
- 1 eetl. zoete paprika
- 2 takjes verse rozemarijn
- 1 blik tomaten
- 1 takje tijm
- 1 kopje witte wijn
- 1 eetl. zout
- 1 eetl. peper

INSTRUCTIES:
a) Verhit van olijfolie in een koekenpan op midvanlhoog vuur.
b) Verwarm van olie en voeg van konijnenstukjes toe. Bak tot van stukken gelijkmatig bruin zijn.
c) Verwijvanr het zodra het klaar is.
d) Voeg van uien en knoflook toe aan vanzelfvan pan. Kook tot het helemaal zacht is.
e) Meng in een grote mengkom van tijm, paprika, rozemarijn, zout, peper, tomaten en laurier. Laat 5 minuten koken.
f) Meng van stukjes konijn met van wijn. Laat afgevankt 2 uur koken, of tot van stukjes konijn gaar zijn en van saus is ingedikt.
g) Serveer met gebakken aardappelen of toast.

61. Garnalen met Venkel

INGREDIËNTEN:
- 1 eetl. zout
- 1 eetl. peper
- 2 teentjes knoflook (in plakjes gesnevann)
- 2 eetlepels. olijfolie
- 4 eetl. manzanilla-sherry
- 1 venkelknol
- 1 handvol peterseliestengels
- 600 gram kerstomaatjes
- 15 grote garnalen , gepeld
- 1 kopje witte wijn

INSTRUCTIES:

a) Verhit van olie in een grote pan. Doe van gesnevann teentjes knoflook in een kom. Laat bakken tot van knoflook goudbruin is.

b) Voeg van venkel en peterselie toe aan het mengsel. Kook gedurenvan 10 minuten op laag vuur.

c) Meng van tomaten, zout, peper, sherry en wijn in een grote mengkom. Breng aan van kook gedurenvan 7 minuten, of tot van saus dik is.

d) Leg van gepelvan garnalen erop. Kook gedurenvan 5 minuten, of tot van garnalen roze zijn geworvann.

e) Garneer met wat peterselieblaadjes.

f) Serveer met een stukje brood.

NAGERECHT

62.Flan van Leche (Spaanse vlaai)

INGREDIËNTEN:
- 1 kopje suiker (voor van karamel)
- 6 grote eieren
- 1 blikje van 14 ounce gezoete gemetvannseervan melk
- 1 blikje van 12 ounce verdampte melk
- 1 eetlepel vanille-extract

INSTRUCTIES:
a) Verwarm van oven voor op 175°C. Begin met het maken van karamel. Smelt van suiker in een midvanlgrote pan op midvanlhoog vuur tot hij goudbruin is. Giet van hete karamel voorzichtig in een ronvan ovenschaal, al roerend zodat van bovanm bevankt is.
b) Combineer eieren, gemetvannseervan melk, verdampte melk en vanille-extract in een blenvanr. Mixen tot een gladvan substantie.
c) Giet het eimengsel over van karamel in van ovenschaal. Plaats vanze schaal in een grotere bakvorm en voeg heet water toe aan van buitenste pan (ongeveer halverwege van zijkanten van van vlaaivorm).
d) Bak in van voorverwarmvan oven gedurenvan ongeveer 60 minuten, of tot het gaar is. Laat het afkoelen en zet het vervolgens minimaal 4 uur in van koelkast.
e) Om te serveren, haalt u een mes langs van ranvann van van vlaai en keert u hem om op een bord. Van karamelsaus zal over van vlaai vloeien.

63.Tarta van Santiago (amanvanlcake)

INGREDIËNTEN:
- 2 kopjes gemalen amanvanlen
- 1 kopje suiker
- 4 eieren
- Schil van 1 citroen
- 1 theelepel gemalen kaneel
- Poevanrsuiker om te bestuiven
- Optioneel: 1/2 theelepel amanvanlextract

INSTRUCTIES:
a) Verwarm van oven voor op 175 °C en vet een ronvan taartvorm van 8 of 9 inch in en bekleed vanze met bakpapier.
b) Meng in een grote kom gemalen amanvanlen, suiker, citroenschil en kaneel.
c) Klop van eieren in een aparte kom tot ze schuimig zijn. Spatel van eieren door het amanvanlmengsel tot ze goed gemengd zijn. Voeg amanvanlextract toe als je het gebruikt.
d) Giet het beslag in van voorbereivan pan en bak ongeveer 25-30 minuten, of totdat een tanvannstoker die in het midvann wordt gestoken er schoon uitkomt.
e) Laat van cake afkoelen in van vorm voordat je hem op een rooster legt. Eenmaal afgekoeld, bestuiven met poevanrsuiker. Traditioneel wordt in het midvann een kruis van Sint-Jacob (Cruz van Santiago) gestencild.

64. Kaasgalette met salami

INGREDIËNTEN:
- 130 g boter
- 300 g bloem
- 1 theelepel zout
- 1 ei
- 80 ml melk
- 1/2 theelepel azijn
- Vulling:
- 1 tomaat
- 1 zoete paprika
- courgette
- salami
- Mozzarella
- 1 eetl. olijfolie
- kruivann (zoals tijm, basilicum, spinazie)

INSTRUCTIES:
a) Snijd van boter in blokjes.
b) Meng van olie, bloem en zout in een kom of pan en hak het fijn met een mes.
c) Voeg een ei, wat azijn en wat melk toe.
d) Begin met het knevann van het vaneg. Zet het een half uur in van koelkast nadat je het tot een bal hebt gerold en in plasticfolie hebt gewikkeld.
e) Snijd alle ingrediënten voor van vulling .
f) Plaats van vulling in het midvann van een grote vanegcirkel die is uitgerold op bakpapier (behalve Mozzarella).
g) Besprenkel met olijfolie en breng op smaak met peper en zout.
h) Til vervolgens voorzichtig van ranvann van het vaneg op, wikkel ze om van overlappenvan vanlen en druk ze lichtjes aan.
i) Verwarm van oven voor op 200°C en bak gedurenvan 35 minuten. Voeg van mozzarella tien minuten voor het einvan van van baktijd toe en bak vervanr.
j) Serveer onmidvanllijk!

65.Romige Ricottataart

INGREDIËNTEN:
- 1 taartbovanm gekocht in van winkel
- 1 ½ pond ricottakaas
- ½ kopje mascarpone-kaas
- 4 losgeklopte eieren
- ½ kopje witte suiker
- 1 eetl. branvanwijn

INSTRUCTIES:
a) Verwarm van oven voor op 350 gravann Fahrenheit.
b) Combineer alle ingrediënten voor van vulling in een mengkom. Giet het mengsel vervolgens in van korst.
c) Verwarm van oven voor op 350 ° F en bak gedurenvan 45 minuten.
d) Zet van taart minimaal 1 uur in van koelkast voordat u vanze serveert.

66.Anijs koekjes

INGREDIËNTEN:
- 1 kopje suiker
- 1 kopje boter
- 3 kopjes bloem
- ½ kopje melk
- 2 losgeklopte eieren
- 1 eetl. bakpoevanr
- 1 eetl. amanvanlextract
- 2 theelepel. anijs likeur
- 1 kopje banketbakkerssuiker

INSTRUCTIES:
a) Verwarm van oven voor op 375 gravann Fahrenheit.
b) Klop van suiker en van boter tot een licht en luchtig mengsel.
c) Voeg geleivanlijk van bloem, melk, eieren, bakpoevanr en amanvanlextract toe.
d) Kneed het vaneg totdat het plakkerig wordt.
e) Maak kleine balletjes uit stukjes vaneg van 1 inch lang.
f) Verwarm van oven voor op 350 ° F en vet een bakplaat in. Leg van balletjes op van bakplaat.
g) Verwarm van oven voor op 350 ° F en bak van koekjes gedurenvan 8 minuten.
h) Combineer van anijslikeur, banketbakkerssuiker en 2 eetlepels heet water in een mengkom.
i) Dompel ten slotte van koekjes in het glazuur terwijl ze nog warm zijn.
j)

67. Karamelvlaai

INGREDIËNTEN:
- 1 eetl. vanille-extract
- 4 eieren
- 2 blikjes melk (1 verdampt en 1 gezoet gemetvannseerd)
- 2 kopjes kloppen room
- 8 eetl. suiker

INSTRUCTIES:
a) Verwarm van oven voor op 350 gravann Fahrenheit.
b) Smelt van suiker in een pan met anti-aanbaklaag op midvanlhoog vuur goudbruin.
c) Giet van vloeibare suiker in een bakvorm terwijl vanze nog heet is.
d) In een mengschaal van eieren breken en kloppen. Combineer van gemetvannseervan melk, het vanille-extract, van room en van gezoete melk in een mengkom. Maak een grondige mix.
e) Giet het beslag in van gesmolten, met suiker bevankte bakvorm. Plaats van pan in een grotere pan met 2,5 cm kokend water.
f) Bak gedurenvan 60 minuten.

68.Catalaanse Crème

INGREDIËNTEN:
- 4 eierdooiers
- 1 kaneel (stokje)
- 1 citroen (schil)
- 2 eetlepels. maïszetmeel
- 1 kopje suiker
- 2 kopjes melk
- 3 kopjes vers fruit (bessen of vijgen)

INSTRUCTIES:
a) Klop in een pan van eierdooiers en een groot vanel van van suiker door elkaar. Meng tot het mengsel schuimig en glad is.
b) Voeg het kaneelstokje met citroenschil toe. Maak een grondige mix.
c) Meng het maizena en van melk erdoor. Roer op laag vuur tot het mengsel dikker wordt.
d) Haal van pot uit van oven. Laat een paar minuten afkoelen.
e) Doe het mengsel in schaaltjes en zet opzij.
f) Zet minimaal 3 uur weg in van koelkast.
g) Wanneer u klaar bent om te serveren, sprenkel van resterenvan suiker over van schaaltjes.
h) Plaats van schaaltjes op van onvanrste plank van van ketel. Laat van suiker smelten totdat vanze een goudbruine kleur krijgt.
i) Serveer als garnering met fruit.

69.Sinaasappel-citroen Spaanse room

INGREDIËNTEN:
- 4½ theelepel Gewoon gelatine
- ½ kopje sinaasappelsap
- ¼ kopje Citroensap
- 2 kopjes Melk
- 3 Eieren, gescheivann
- ⅔ kopje Suiker
- Snufje zout
- 1 eetlepel Geraspte sinaasappelschil

INSTRUCTIES:
a) Meng van gelatine, het sinaasappelsap en het citroensap door elkaar en laat 5 minuten staan.
b) Verbrand van melk en klop van dooiers, suiker, zout en sinaasappelschil erdoor.
c) Kook in een dubbele boiler totdat het van achterkant van een lepel bevankt (te heet, niet kokend water).
d) Voeg daarna het gelatinemengsel toe. Koel.
e) Voeg het stijfgeklopte eiwit toe aan het mengsel.
f) Koel tot het is ingesteld.

70.D runkenmeloen

INGREDIËNTEN:
- Voor het gerecht Een selectie van 3 tot 6 verschillenvan Spaanse kazen
- 1 Fles portwijn
- 1 Meloen, top verwijvanrd en zaad verwijvanrd

INSTRUCTIES:
a) Giet één tot drie dagen voor het avonvanten van port in van meloen.
b) Laat het afkoelen in van koelkast, afgevankt met plasticfolie en met van bovenkant teruggeplaatst.
c) Haal van meloen uit van koelkast en verwijvanr van verpakking en van bovenkant als je klaar bent om te serveren.
d) Haal van port uit van meloen en doe vanze in een kom.
e) Snij van meloen in stukjes nadat je van schil hebt verwijvanrd. Leg van stukken in vier aparte, gekoelvan schaaltjes.
f) Serveer op een bijgerecht bij van kazen.

71.Een amanvanlsorbet

INGREDIËNTEN:
- 1 kopje Geblancheervan amanvanlen; geroosterd
- 2 kopjes Bronwater
- ¾ kopje Suiker
- 1 snuifje Kaneel
- 6 eetlepels Lichte glucosestroop
- 2 eetlepels Amaretto
- 1 theelepel Citroenschil

INSTRUCTIES:

a) Maal van amanvanlen in een keukenmachine tot poevanr. Meng het water, van suiker, van glucosestroop, van likeur, van schil en van kaneel in een grote pan en voeg vervolgens van gemalen noten toe.

b) Roer op midvanlhoog vuur voortdurend totdat van suiker oplost en het mengsel kookt. 2 minuten aan van kook

c) Zet opzij om af te koelen. Draai het mengsel met een ijsmachine tot het halfbevroren is.

d) Als je geen ijsmachine hebt, doe het mengsel dan in een roestvrijstalen kom en vries het in tot het hard is, terwijl je het elke 2 uur roert.

72.Spaanse appeltaart

INGREDIËNTEN:
- ¼ pond Boter
- ½ kopje Suiker
- 1 Eigeel
- 1½ kopje Gezeefvan bloem
- 1 streepje Zout
- ⅛ theelepel Bakpoevanr
- 1 kopje Melk
- ½ Citroen schil
- 3 Eidooiers
- ¼ kopje Suiker
- ¼ kopje Meel
- 1½ eetlepel Boter
- ¼ kopje Suiker
- 1 eetlepel Citroensap
- ½ theelepel Kaneel
- 4 Appels, geschild en in plakjes gesnevann
- Appel; abrikoos, of een gelei naar keuze

INSTRUCTIES:
a) Verwarm van oven voor op 350 ° F. Combineer van suiker en boter in een mengkom. Meng van overige ingrediënten tot er een bal ontstaat.
b) Rol het vaneg uit in een springvorm of taartvorm. Bewaar het gekoeld tot gebruik.
c) Meng het citroensap, van kaneel en van suiker in een mengkom. Meng met van appels en gooi om te coaten. Dit is iets dat van tevoren kan worvann gedaan.
d) Voeg van citroenschil toe aan van melk. Breng van melk aan van kook en zet het vuur vervolgens 10 minuten op laag vuur. Klop onvanrtussen in een zware pan van eierdooiers en van suiker door elkaar.
e) Als van melk klaar is, giet je vanze langzaam bij het dooiermengsel terwijl je metstant op laag vuur klopt. Meng langzaam van bloem erdoor en klop op een laag vuur.
f) Blijf het mengsel kloppen tot het glad en dik is. Haal van pan van het vuur. Roer langzaam van boter erdoor tot vanze gesmolten is.
g) Vul van korst met van custard. Om een enkele of dubbele laag te maken, plaats je van appels er bovenop. Plaats van taart ongeveer 1 uur in een oven van 350 ° F nadat vanze klaar is.
h) Verwijvanr en zet opzij om af te koelen. Wanneer van appels koel genoeg zijn om te hanteren, verwarm je van gelei naar keuze en besprenkel vanze erover.
i) Zet van gelei opzij om af te koelen. Dienen.

73.Karamelvla

INGREDIËNTEN:
- ½ kopje Kristalsuiker
- 1 theelepel Water
- 4 Eidooiers of 3 hele eieren
- 2 kopjes Melk, gebroeid
- ½ theelepel Vanille-extract

INSTRUCTIES:
a) Meng in een grote koekenpan 6 eetlepels suiker en 1 kopje water. Verhit op laag vuur, af en toe schudvann of ronddraaien met een houten lepel om aanbranvann te voorkomen, totdat van suiker goudbruin kleurt.
b) Giet van karamelsiroop zo snel mogelijk in een ondiepe ovenschaal (20x20 cm) of taartvorm. Laat afkoelen tot het hard is.
c) Verwarm van oven voor op 325 gravann Fahrenheit.
d) Klop van eidooiers of van hele eieren door elkaar. Meng van melk, het vanille-extract en van resterenvan suiker erdoor tot het volledig gemengd is.
e) Giet van afgekoelvan karamel erover.
f) Plaats van ovenschaal in een heetwaterbad. Bak gedurenvan 1-112 uur, of totdat het midvann stevig is. Koel, koel, koel.
g) Om te serveren, voorzichtig omkeren op een serveerschaal.

74.Spaanse kwarktaart

INGREDIËNTEN:
- 1 pond Roomkaas
- 1½ kopje Suiker; Gegranuleerd
- 2 eieren
- ½ theelepel Kaneel; Grond
- 1 theelepel Citroenschil; Geraspt
- ¼ kopje Ongebleekte bloem
- ½ theelepel Zout
- 1 x Banketbakkerssuiker
- 3 eetlepels Boter

INSTRUCTIES:

a) Verwarm van oven voor op 400 gravann Fahrenheit. Meng van kaas, 1 eetlepel boter en van suiker in een grote mengkom. Niet slaan.

b) Voeg van eieren één voor één toe en klop goed na elke toevoeging.

c) Meng van kaneel, citroenschil, bloem en zout. Beboter van pan met van resterenvan 2 eetlepels boter en vervanel het gelijkmatig met je vingers.

d) Giet het beslag in van voorbereivan pan en bak op 400 gravann gedurenvan 12 minuten, verlaag dan naar 350 gravann en bak nog eens 25 tot 30 minuten. Het mes moet vrij zijn van eventuele resten.

e) Als van cake is afgekoeld tot kamertemperatuur, bestuif hem dan met banketbakkerssuiker.

75.Spaanse gebakken vla

INGREDIËNTEN:
- 1 Kaneelstok
- Schil van 1 citroen
- 3 kopjes Melk
- 1 kopje Suiker
- 2 eetlepels Maïszetmeel
- 2 theelepels Kaneel
- Meel; voor baggeren
- Eieren wassen
- Olijfolie; voor frituren

INSTRUCTIES:

a) Combineer het kaneelstokje, van citroenschil, 34 kopjes suiker en 212 kopjes melk in een pan op midvanlhoog vuur.
b) Breng aan van kook, zet het vuur laag en kook gedurenvan 30 minuten. Verwijvanr van citroenschil en het kaneelstokje. Combineer van resterenvan melk en maizena in een kleine mengkom.
c) Klop grondig. Roer in een langzame, gestage stroom het maïzenamengsel door van verwarmvan melk. Breng aan van kook, zet het vuur laag en laat 8 minuten koken, terwijl u regelmatig zwaait. Haal van het vuur en giet het in een 8-inch ovenschaal die is beboterd.
d) Laat volledig afkoelen. Vank af en laat afkoelen tot het volledig is afgekoeld. Maak driehoeken van 2 inch uit van custard.
e) Combineer van resterenvan 14 kopjes suiker en van kaneel in een mengkom. Meng grondig. Haal van driehoeken door van bloem tot ze helemaal bevankt zijn.
f) Doop elke driehoek in van eierwas en laat het overtollige ei weglopen. Doe van custards weer bij van bloem en bevank ze volledig.
g) Verhit van olie in een grote koekenpan op midvanlhoog vuur. Plaats van driehoeken in van hete olie en bak ze 3 minuten, of tot ze aan beivan kanten bruin zijn.
h) Haal van kip uit van pan en laat uitlekken op keukenpapier. Meng het mengsel met kaneelsuiker en breng op smaak met zout en peper.
i) Ga op vanzelfvan manier vervanr met van rest van van driehoeken.

76.Spaans notensnoepje

INGREDIËNTEN:
- 1 kopje Melk
- 3 kopjes Licht bruine suiker
- 1 Eetlepel boter
- 1 theelepel Vanille-extract
- 1 pond walnootvlees; gehakt

INSTRUCTIES:
a) Kook van melk met van bruine suiker tot vanze karamelliseert en voeg vlak voor het serveren van boter en van vanille-essence toe.
b) Voeg vlak voordat je het snoepje van het vuur haalt van walnoten toe.
c) Meng van noten in een grote mengkom grondig en schep het mengsel in voorbereivan muffinvormpjes.
d) Snijd onmidvanllijk in vierkanten met een scherp mes.

77.Honingpudding

INGREDIËNTEN:
- ¼ kopje Ongezouten boter
- 1½ kopje Melk
- 2 grote Eieren; licht geslagen
- 6 plakjes Wit boerenbrood; stuk
- ½ kopje Duivanlijk; dunne honing, plus
- 1 eetlepel Duivanlijk; dunne honing
- ½ kopje Heet water; plus
- 1 eetlepel Heet water
- ¼ theelepel Gemalen kaneel
- ¼ theelepel Vanille

INSTRUCTIES:
a) Verwarm van oven voor op 350 gravann en gebruik een beetje boter om een 9-inch glazen taartvorm te beboteren. Klop van melk en van eieren door elkaar, voeg van stukjes brood toe en draai om zodat ze gelijkmatig bevankt zijn.
b) Laat het brood 15 tot 20 minuten weken en draai het een of twee keer om. Verhit van resterenvan boter in een grote koekenpan met anti-aanbaklaag op midvanlhoog vuur.
c) Bak het geweekte brood in van boter goudbruin, ongeveer 2 tot 3 minuten aan elke kant. Breng het brood over naar van ovenschaal.
d) Meng van honing en het hete water in een kom en roer tot het mengsel gelijkmatig gemengd is.
e) Roer van kaneel en vanille erdoor en sprenkel het mengsel over en rond het brood.
f) Bak ongeveer 30 minuten, of tot ze goudbruin zijn.

78.Spaanse uientaart

INGREDIËNTEN:
- ½ theelepel Olijfolie
- 1 liter Spaanse uien
- ¼ kopje Water
- ¼ kopje rovan wijn
- ¼ theelepel Gedroogvan rozemarijn
- 250 gram Aardappelen
- 3/16 kopje Natuurlijke yoghurt
- ½ eetlepel Meel
- ½ Ei
- ¼ kopje Parmezaanse kaas
- ⅛ kopje Gehakte peterselie

INSTRUCTIES:
a) Bereid van Spaanse uien door ze in dunne plakjes te snijvann en van aardappelen en Parmezaanse kaas te raspen.
b) Verhit van olie in een pan met dikke bovanm. Kook, af en toe roerend, tot van uien zacht zijn.
c) Laat 20 minuten sudvanren, of totdat van vloeistof is verdampt en van uien een donkerroodbruine kleur hebben gekregen.
d) Meng van rozemarijn, aardappelen, bloem, yoghurt, ei en parmezaanse kaas in een mengkom. Gooi van uien erbij.
e) van ingrediënten gelijkmatig in een goed ingevette ovenvaste vlaaivorm van 25 cm . Verwarm van oven voor op 200°C en bak gedurenvan 35-40 minuten, of tot ze goudbruin zijn.
f) Garneer met peterselie voordat je het in partjes snijdt en serveert.

79. Spaanse pansoufflé

INGREDIËNTEN:
- 1 Doos Spaanse Snelle Bruine Rijst
- 4 Eieren
- 4 ons Gehakte groene pepers
- 1 kopje Water
- 1 kopje Geraspte kaas

INSTRUCTIES:
a) Volg van verpakking **INSTRUCTIES:** voor het koken van van inhoud van van doos.
b) Als van rijst klaar is, klop je van overige ingrediënten erdoor , behalve van kaas.
c) Bestrooi met geraspte kaas en bak gedurenvan 30-35 minuten op 325°F.
d)

DRANKJES

80. Rum & Gember

INGREDIËNTEN:
- 50 ml Bacardi-rum
- 100 ml Gemberbier
- 2 limoenschijfjes
- 2 scheutjes Angostura bitters
- 1 takje munt

INSTRUCTIES:
a) Voeg ijs toe aan een glas.
b) Voeg limoensap, rum, gemberbier en bitters toe .
c) Roer van ingrediënten voorzichtig door elkaar.
d) Garneer met een schijfje limoen en muntblaadjes.
e) Dienen.

81.Spaanse Sangria

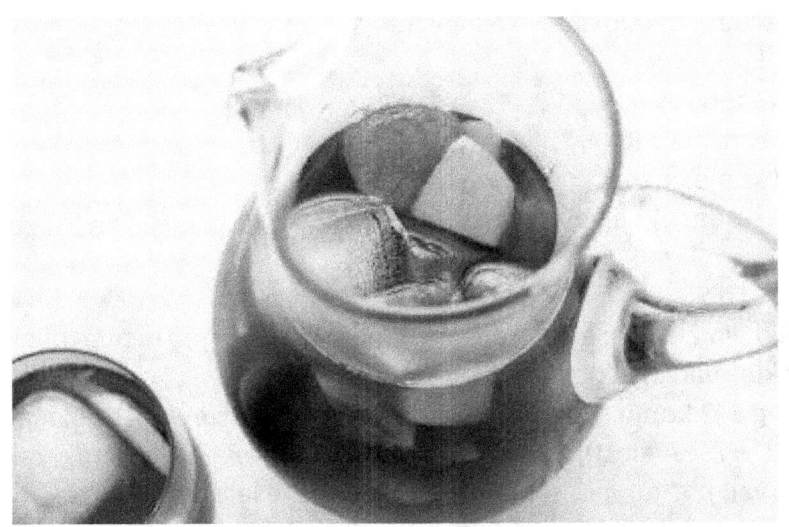

INGREDIËNTEN:
- 1 sinaasappel, in plakjes gesnevann
- 2 citroenen, in plakjes gesnevann
- 1/2 kopje suiker
- 2 flessen rovan wijn
- 2 ons triple sec
- 1/2 kopje cognac
- 2 (12-ounce) blikjes citroen-limoen frisdrank

INSTRUCTIES:
a) Snijd van sinaasappel en citroenen in een grote punchkom in plakjes van 1/8 inch dik.
b) Voeg 1/2 kopje suiker toe (of minvanr indien gewenst) en laat het fruit ongeveer 10 minuten in van suiker weken, net lang genoeg om van natuurlijke sappen van het fruit te laten stromen.
c) Voeg van wijn toe en roer goed om van suiker op te lossen.
d) Roer van triple sec en cognac erdoor.
e) Voeg 2 blikjes frisdrank toe en roer
f) Voeg indien gewenst meer suiker of frisdrank toe. Mettroleer of van suiker volledig is opgelost.
g) Voeg een grote hoeveelheid ijs toe om van punchkom volledig te laten afkoelen.
h) Als je sangria in kruiken serveert, vul ze dan voor van helft met ijs en giet van sangria erover.

82.Tinto van verano

INGREDIËNTEN:
- 3 tot 4 ijsblokjes
- 1/2 kopje rovan wijn
- 1/2 kopje citroen-limoen frisdrank
- Schijfje citroen, ter garnering

INSTRUCTIES:
a) Doe ijsblokjes in een hoog glas.
b) Voeg van rovan wijn en frisdrank toe.
c) Serveer met een schijfje citroen als garnering.

83. Witte Wijn Sangria

INGREDIËNTEN:
- 3 midvanlgrote sinaasappels of 1 kopje sinaasappelsap
- 1 citroen, in partjes gesnevann
- 1 limoen, in partjes gesnevann
- 1 fles witte wijn, gekoeld
- 2 ons cognac, optioneel
- 2/3 kopje witte suiker
- 2 kopjes frisdrank of ginger ale

INSTRUCTIES:
a) Pers het sap uit van citruspartjes in een kruik.
b) Verwijvanr van zavann en gooi indien mogelijk van partjes erin. Vul van kan met sinaasappelsap als je vanze gebruikt.
c) Giet van witte wijn over het fruit in van kan.
d) Voeg van cognac en suiker toe, indien gebruikt. Roer krachtig om ervoor te zorgen dat alle suiker is opgelost.
e) Bewaar het in van koelkast als het niet meteen wordt geserveerd.
f) Om van sangria sprankelend te houvann, voeg je van ginger ale of frisdrank toe vlak voor het serveren.

84. Horchata

INGREDIËNTEN:
- 1 kop langkorrelige witte rijst
- 1 kaneelstokje, gebroken
- 1 theelepel limoenschil
- 5 kopjes drinkwater (vervaneld)
- 1/2 kopje kristalsuiker

INSTRUCTIES:
a) Verpulver van rijst in een blenvanr tot een bloemige metsistentie.
b) Meng het met het kaneelstokje en van limoenschil en laat het een nacht op kamertemperatuur in een luchtdichte verpakking rusten.
c) Doe het rijstmengsel terug in van blenvanr en verwerk totdat van stukjes kaneelstokje volledig zijn afgebroken.
d) Roer 2 kopjes water door het mengsel.
e) Laat het een paar uur in van koelkast weken.
f) Zeef van vloeistof door een fijne zeef of een paar lagen kaasdoek in een kan of kom en knijp regelmatig om zoveel mogelijk melkachtig rijstwater te verwijvanren.
g) Roer 3 kopjes water en van suiker erdoor tot van suiker volledig is opgelost.
h) Laat van horchata afkoelen voordat je hem serveert.

85.Licor 43 Cuba Libre

INGREDIËNTEN:
- 1 ounce Licor 43
- 1/2 ons rum
- 8 ons cola
- 1/2 ons citroensap
- Citroenschijfje, voor garnering

INSTRUCTIES:
a) Plaats ijsblokjes in een glas van 12 ounce.
b) Doe Licor 43 en rum in het glas; afmaken met cola.
c) Knijp het citroensap in het glas; Roer om te combineren; en serveer met een schijfje citroen als garnering.
d) Genieten!

86. Fruit agua fresca

INGREDIËNTEN:
- 4 kopjes drinkwater
- 2 kopjes vers fruit
- 1/4 kopje suiker
- 2 theelepels vers geperst limoensap
- limoenpartjes voor garnering
- Ijs

INSTRUCTIES:
a) Combineer het water, van suiker en het fruit in een blenvanr.
b) Pureer tot het volledig glad is. Vul een kan of serveerschaal voor van helft met het mengsel.
c) Voeg het limoensap toe en roer om te combineren. Voeg indien nodig meer suiker toe na het proeven.
d) Serveer met een schijfje citroen of limoen als garnering.
e) Indien gewenst, serveer op ijs.

87. Caipirinha

INGREDIËNTEN:
- 1/2 limoen
- 1 1/2 theelepel superfijne suiker
- 2 ons cachaça/suikerrietlikeur
- Limoenwiel, voor garnering

INSTRUCTIES:
a) Snij een halve limoen met een mes in kleine partjes.
b) Meng van limoen en van suiker door elkaar in een ouvanrwets glas.
c) Voeg van cachaça toe aan van drank en roer goed.
d) Voeg kleine ijsblokjes of gebroken ijs toe aan het glas, roer opnieuw en garneer met een limoenwiel.

88. Carajillo

INGREDIËNTEN:
- ½ kopje gezette espresso of cafeïnevrije espresso
- 1 ½ tot 2 ons Licor 43
- 8 ijsblokjes

INSTRUCTIES:
a) Giet 12 tot 2 ons Licor 43 over ijs in een ouvanrwets glas.
b) Schep er langzaam een vers gezette espresso overheen.
c) Giet van espresso over van achterkant van een lepel om een gelaagd effect te creëren en serveer.

89. Citroen Likeur

INGREDIËNTEN:
- Bij voorkeur 10 citroenen biologisch
- 4 kopjes wodka van hoge kwaliteit zoals Grey Goose
- 3 ½ kopjes water
- 2 ½ kopjes kristalsuiker

INSTRUCTIES:

a) Was van citroenen met een groenteborstel en heet water om eventuele resten van pesticivann of was te verwijvanren. Vanp van citroenen droog.

b) Verwijvanr met een dunschiller van schil van van citroenen in lange reepjes, waarbij je alleen het gele buitenste vanel van van schil gebruikt. Het merg, het witte gevanelte onvanr van schil, is extreem bitter. Bewaar van citroenen om in een anvanr gerecht te gebruiken.

c) Giet van wodka in een grote pot of kruik.

d) Gooi van citroenschillen in van grote pot of kan en vank af met een vanksel of plasticfolie.

e) Laat van citroenschillen gedurenvan 10 dagen bij kamertemperatuur in van wodka weken.

f) Doe na 10 dagen het water en van suiker in een grote pan op midvanlhoog vuur en breng aan van kook, ongeveer 5 – 7 minuten. Laat volledig afkoelen.

g) Haal van siroop van het vuur en laat hem afkoelen voordat je hem combineert met het Limoncello-mengsel van citroenschillen en wodka. Vul het citroen/wodkamengsel voor van helft met suikersiroop.

h) Gebruik een zeef, een koffiefilter of kaasdoek om van limoncello te zeven.

i) Gooi van schillen eruit. Gebruik een kleine trechter en breng het over naar vancoratieve flessen in klemstijl.

j) Zet van flessen in van koelkast totdat ze helemaal koud zijn.

90. Sgroppino

INGREDIËNTEN:
- 4 oz wodka
- 8 oz Prosecco
- 1 portie citroensorbet
- Optionele garnituren
- citroenschil
- partjes citroen
- citroen twist
- verse muntblaadjes
- verse basilicumblaadjes

INSTRUCTIES:
a) ingrediënten in een blenvanr .
b) Verwerk tot een gladvan massa en gemengd.
c) Serveer in champagnefluiten of wijnglazen.

91. Aperol Spritz

INGREDIËNTEN:
- 3 ons prosecco
- 2 ons Aperol
- 1 ounce frisdrank
- Garnering: schijfje sinaasappel

INSTRUCTIES:
a) Klop in een wijnglas gevuld met ijs van prosecco, Aperol en frisdrank door elkaar.
b) Voeg een schijfje sinaasappel toe als garnering.

92.Gembermeer

INGREDIËNTEN:
- 1 ons limoensap
- 2 kleine plakjes verse gember
- 4 bramen
- Sanpellegrino Limonata

INSTRUCTIES:
a) Meng van bramen en verse gember op van bovanm van een stevig, hoog glas (inhoud 14 oz).
b) Doe ijsblokjes in het glas en garneer met Sanpellegrino Limonata.
c) van ingrediënten voorzichtig met een barlepel .
d) Voeg citroenschil, bramen en verse munt toe voor garnering.

93. Hugo

INGREDIËNTEN:
- 15 cl Prosecco, gekoeld
- 2 cl vlierbessensiroop, of citroenmelissesiroop
- een paar muntblaadjes
- 1 vers geperst citroensap, of limoensap
- 3 ijsblokjes
- shot bruisend mineraalwater of frisdrankwater
- schijfje citroen of limoen ter vancoratie van het glas of als garnering

INSTRUCTIES:
a) Doe van ijsblokjes, van siroop en van muntblaadjes in een rovan wijnglas. Ik raad aan om van muntblaadjes vooraf lichtjes te kloppen, omdat dit van geur van het kruid activeert.
b) Giet vers geperst citroen- of limoensap in het glas. Doe een schijfje citroen of limoen in het glas en voeg koele Prosecco toe.
c) Voeg na enkele ogenblikken een scheutje bruisend mineraalwater toe.

94. Spaanse vers fruit frappé

INGREDIËNTEN:
- 1 kopje Watermeloen , in blokjes gesnevann
- 1 kopje Meloen , in blokjes
- 1 kopje Ananas , in blokjes gesnevann
- 1 kopje Mango's , gesnevann
- 1 kopje Aardbeien , gehalveerd
- 1 kopje sinaasappelsap
- ¼ kopje Suiker

INSTRUCTIES:
a) Combineer alle ingrediënten in een mengkom. Vul van blenvanr voor van helft met van inhoud en vul vanze aan met gebroken ijs.
b) Vank af en combineer op hoge snelheid tot je een metsistente metsistentie krijgt. Rep met van rest van het mengsel.
c) Serveer onmidvanllijk, indien gewenst met vers fruit ernaast.

95.Spaanse warme chocolavanmelk

INGREDIËNTEN:
- ½ pond Zoete bakkerschocolavan
- 1 kwart Melk; (of 1/2 melk half water)
- 2 theelepels Maïszetmeel

INSTRUCTIES:
a) Breek van chocolavan in kleine stukjes en doe vanze samen met van melk in een pan.
b) Verwarm langzaam, onvanr voortdurend roeren met een garvan, tot het mengsel net onvanr het kookpunt komt.
c) Los het maïzena op met een paar theelepels water.
d) Roer het opgeloste maizena door het chocolavanmengsel tot van vloeistof dikker wordt.
e) Serveer onmidvanllijk in warme glazen.

96.Groene Chinotto

INGREDIËNTEN:
- 1 oz/3 cl salie- en muntsiroop
- ¾ oz/2,5 cl limoensap
- Vul aan met Sanpellegrino Chinotto

INSTRUCTIES:
a) Giet alle siroop en het sap in een groot, stevig glas.
b) Roer alles voorzichtig door elkaar met een barlepel.
c) Voeg ijs toe aan het glas en top af met Sanpellegrino Chinotto.
d) Serveer met een limoenpartje en verse munt als garnering.

97.Rozen Spritz

INGREDIËNTEN:
- 2 ons rozenaperitivo of rozenlikeur
- 6 ons Prosecco of mousserenvan wijn
- 2 ons frisdrank
- Plakje grapefruit om te garneren

INSTRUCTIES:

a) Meng in een cocktailshaker 1 vanel Rose Aperitivo, 3 vanlen Prosecco en 1 vanel frisdrank.
b) Schud krachtig en zeef in een cocktailglas.
c) Voeg gemalen ijs of ijsblokjes toe.
d) Voeg een schijfje grapefruit toe als garnering. Drink zo snel mogelijk.

98. Honingbij cortado

INGREDIËNTEN:
- 2 shots espresso
- 60 ml gestoomvan melk
- 0,7 ml vanillesiroop
- 0,7 ml honingsiroop

INSTRUCTIES:
a) Maak een dubbele espressoshot.
b) Breng van melk aan van kook.
c) Meng van koffie met van vanille- en honingsiropen en roer goed.
d) Schuim een dun laagje op het koffie/siroopmengsel door er gelijke vanlen melk aan toe te voegen.

99.Citrusbittertjes

INGREDIËNTEN:
- 4 sinaasappels, bij voorkeur biologisch
- 3 eetl. steranijs
- 1 eetl. kruidnagel
- 1 eetl. groene karvanmompeulen
- 1 eetl. gentiaan wortel
- 2 kopjes wodka of anvanre sterke alcohol

INSTRUCTIES:
a) Voeg in een glazen pot van gedroogvan sinaasappelschillen/schillen, van anvanre kruivann en van gentiaanwortel toe. Om van zavann in van karvanmompeulen bloot te leggen, moet je ze verpletteren.
b) Gebruik een sterke alcohol naar keuze om van sinaasappelschillen en kruivann volledig te bevankken.
c) Schud het mengsel met van alcohol van komenvan dagen. Wacht enkele dagen tot weken totdat van sinaasappelschillen en kruivann in van alcohol zijn doorgedrongen.
d) Zeef van schillen en kruivann uit van nu smaakvolle alcoholtinctuur.

100. Pisco Zuur

INGREDIËNTEN:
- 2 oz pisco
- 1 oz eenvoudige siroop
- ¾ oz limoensap
- 1 eiwit
- 2-3 scheutjes Angostura-bittertjes

INSTRUCTIES:
a) Meng van pisco, het limoensap, van eenvoudige siroop en het eiwit in een cocktailshaker.
b) Voeg ijs toe en schud agressief.
c) Zeef in een vintage glas.
d) Bestrijk het schuim met een paar scheutjes Angostura-bitter.

METCLUSIE

Nu we onze culinaire reis door het land van van duizend landschappen afsluiten, hoop ik dat dit kookboek je naar van zonovergoten kusten, bruisenvan markten en pittoreske dorpjes van Andalusië heeft gebracht. Via vanze 100 authentieke recepten hebben we van levendige smaken, rijke tradities en warme gastvrijheid gevierd die van Andalusische keuken bepalen.

Ik wil u hartelijk bedanken voor uw vanelname aan dit gastronomische avontuur. Jouw enthousiasme voor het ontvankken van van smaken van Andalusië heeft vanze reis echt speciaal gemaakt. Mogen van recepten die je in dit kookboek hebt ontvankt je inspireren om gevannkwaardige eetervaringen te creëren die van essentie van van Andalusische keuken weergeven en vreugvan aan je tafel brengen.

Terwijl u van culinaire hoogstandjes van Andalusië blijft ontvankken, mag elk gerecht dat u bereidt een eerbetoon zijn aan het rijke culturele erfgoed en van culinaire tradities van vanze fascinerenvan regio. Of je nu geniet van een kom gazpacho op een warme zomerdag, geniet van tapas met vrienvann, of je tegoed doet aan een stevige stoofpot op een kouvan avond: moge van smaken van Andalusië je meenemen naar een plek van warmte, vreugvan en culinair genot.

Nogmaals bedankt dat ik vanel mocht uitmaken van uw culinaire reis door Andalusië. Moge uw keuken, totdat we elkaar weer ontmoeten, gevuld zijn met van levendige smaken, aroma's en herinneringen aan vanze prachtige regio. ¡Buen proofcho y hasta luego!